GESCHICHTE IN BILDERN

Geschichte in Bildern

Museum der Stadt Worms im Andreasstift

Mathilde Grünewald
Klaus Baranenko

Kunstverlag Josef Fink

Geschichte in Bildern
Museum der Stadt Worms im Andreasstift
Mathilde Grünewald (Konzept und Text)
Klaus Baranenko (Fotos und Gestaltung)
Kunstverlag Josef Fink, Lindenberg 2007

ISBN 978-3-89870-399-4

Mit freundlicher Unterstützung durch die Klaus Tschira Stiftung

KTS
Klaus Tschira Stiftung
gemeinnützige GmbH

Vorderseite: Nordportal der St. Andreaskirche

1. Auflage 2007

Druck: Heinrich Fischer Rheinische Druckerei GmbH, Worms

INHALT

VORWORT

Das heutige Stadtgebiet von Worms liegt im fruchtbaren Rheinhessen, vor Hochwassern des Rheins geschützt, gut bewässert durch Eisbach, Pfrimm und andere Bäche. Das milde Klima und die für Getreideanbau günstigen Lößböden haben vor mehr als 7000 Jahren die ersten Siedler und Bauern angezogen. Menschen aus allen Epochen hinterließen ihre Spuren – meistens zeugen Gräber von ihrem Leben.

Das Museum der Stadt Worms sammelt seit 1881 die Zeugnisse der Kultur und hat vor allem für die Zeit vom Neolithikum (Jungsteinzeit) bis zum Frühmittelalter (Merowinger- oder Frankenzeit) viele und bedeutende Funde vorzuzeigen.

Prof. Dr. Siegfried Englert hat diesen Museumsführer angeregt, der einzelne, besonders auffällige Objekte aus der Sammlung vorstellt. In alle Epochen der Stadt Worms wird der Besucher anhand eines oder mehrerer Ausstellungsstücke eingeführt. Am Ende hat er viele Einblicke in die Geschichte der Stadt Worms und ihrer Landschaft gewonnen.

Die Verfasserin wünscht den Lesern und Betrachtern Freude an den schönen Objekten, die Klaus Baranenko in prächtigen Fotos dokumentiert hat.
Dem Kunstverlag Josef Fink sei für die Aufnahme in sein Verlagsprogramm und die gute Zusammenarbeit bestens gedankt.

Dr. Mathilde Grünewald
Museumsdirektorin

Zeittabelle für den Wormser Raum:

Neolithikum	Jungsteinzeit	5300 bis 1800 v. Chr.
Bronzezeit		2300/2200 bis 800 v. Chr.
Hallstattzeit		800 bis 450 v. Chr.
La-Tène-Zeit		450 bis 70/50 v. Chr.
Römerzeit		20/30 bis 450 n. Chr.
Frühmittelalter		450 bis 800 n. Chr.
Hochmittelalter		800 bis 1200 n. Chr.
Spätmittelalter		1200 bis 1500 n. Chr.
Neuzeit		seit der Entdeckung Amerikas 1492
Renaissance		16. Jahrhundert
Barock		17. und 18. Jahrhundert
Historismus		1860 bis 1900

Die heutige Hauptansicht zeigt die Nordseite der Kirche des St. Andreasstiftes vom Weckerlingplatz her. Kirche und Stift gehen auf die Zeit des Bischofs Burchard zurück, dem Stadtherrn von 1000 bis 1025 n. Chr. Der Bischof verwaltete und regierte sein Bistum mit Unterstützung der gut ausgebildeten Stiftsherren von Domstift, Andreasstift, Paulusstift und Martinsstift. Für die Gemeinden der Stiftsbereiche waren jeweils kleinere ältere Kirchen vorgesehen, wie die Magnuskirche aus dem 8. Jh., die der Andreaskirche gegenüberliegt. Die Gebäude von St. Andreas und die Andreaskirche hatten ein wechselhaftes Schicksal. Als Stift dienten sie bis 1802, dann wurden sie als Lagergebäude genutzt, schließlich seit 1927 renoviert und 1930 als Museum der Stadt Worms eingeweiht.

1

St. Andreasstift und Weckerlingplatz

Dabei wurden die gotischen Fenster, die Dächer und alle Räume des früheren Stifts neu errichtet. Die Inschrift im Giebelfeld über der Tür erinnert hieran. Das Portal mit Zickzackstäben in den Bögen stammt von den Steinmetzen, die um 1180 auch am Westchor des Doms gearbeitet haben. Vom Bau des 11. Jahrhunderts dürfte an der Andreaskirche nichts mehr sichtbar sein.

Der Weckerlingplatz liegt über einem Friedhof, den eine Mauer umschloss (einfriedete). Er ist nach dem Wormser Gymnasiallehrer Prof. Dr. August Weckerling (1846-1924) benannt, einem der ersten beiden Kustoden des Wormser Museums und Gründer der späteren Stadtbibliothek.

2 Maximilian von Heyl

Ein Mäzen und Musenfreund.

Das Museum der Stadt Worms hat seine Wurzeln im Jahr 1879, als der Altertumsverein gegründet wurde und „Freunde der Kunst" schon ein Museum planten. Seine erste Heimat fand es 1881 in der Pauluskirche im gleichnamigen Stift.

Karl Maximilian Freiherr von Heyl (1844–1925) war Teilhaber der Heylschen Lederwerke. Er hatte die militärische Laufbahn eingeschlagen, war Rittmeister, Major und schließlich Großherzoglich Hessischer Generalleutnant am Hof in Darmstadt. Als Kunstfreund veranlasste und finanzierte er die Wiederherstellung der Pauluskirche, ließ den Münchner Bildhauer Lorenz Gedon die Inneneinrichtung entwerfen und beschenkte das Museum reichlich, zum Beispiel 1883 mit der berühmten Wormser Lutherbibliothek.

Als 1925 St. Paulus zum Dominikanerkloster werden sollte, stellte Max von Heyl testamentarisch Mittel zur Verfügung, damit das Andreasstift als Museum eingerichtet werden konnte. Die Fertigstellung und Einweihung am 1. Juli 1930 erlebte er nicht mehr.
Seine Witwe Doris von Heyl geb. Stein schenkte dem Museum 1926 die seither dort befindliche Sammlung als „Freiherr Max Heylsche Stiftung" und übergab 1926 die von Prof. Heinrich Jobst in Darmstadt modellierte Büste, einen dunkel patinierten Bronzeguss auf einem polierten Kalksteinpfeiler.

Heinrich Jobst (1874–1943) war Mitglied der Darmstädter Künstlerkolonie.
Er schuf u. a. die Bronzelöwen vor dem Darmstädter Schloss.

3 Andreaskirche, der Innenraum

Um 1200 n. Chr. dürften Kirche und Stiftsgebäude neu erbaut worden sein. Sechs Rundbogen auf Pfeilern öffnen das Hauptschiff zu den Seitenschiffen. Erst auf den zweiten Blick erkennt man verzierte Bauteile wie die Kämpfer (oberer Abschluss) der Pfeiler. Die Gewölbe fielen 1689 der Stadtzerstörung zum Opfer, sie wurden 1928 in Ziegelbauweise ersetzt. Die Fugen scheinen durch den Verputz hindurch.

Vom erhöhten Chor führen Türen in die Türme. Der Chor ist innen halbrund, außen jedoch gerade geschlossen. Das große Fenster dürfte um 1300 eingebaut worden sein.

1927 bis 1929 ließ die Stadt Worms das Andreasstift zur Aufnahme der Sammlungen des Altertumsvereins umbauen und erneuern. Sie waren seit 1881 in der Pauluskirche als „Paulusmuseum" berühmt geworden.

Andreasstift und Kirche dienten seit Anfang des 19. Jahrhunderts profanen Zwecken als Lagerräume und Depot der Feuerwehr. In der Kirche selbst war eine Zwischendecke eingezogen und die Fenster hatte man zu Türöffnungen erweitert.
Der Rückbau zu spätromanischen-frühgotischen Formen der dreischiffigen Pfeilerbasilika hat einen mittelalterlichen Raum wiederentstehen lassen.

4 Der Flügelaltar in der Andreaskirche

Bei der Einrichtung des Andreasstifts als Museum wurde darauf Wert gelegt, den sakralen Charakter des Kirchenraumes zu erhalten. Worms hatte bei der Stadtzerstörung 1689 fast alle mittelalterlichen Plastiken und Altäre verloren. Das Museum bemühte sich um einen gewissen Ersatz.

Auf dem Chor steht ein aus Holz geschnitzter dreiteiliger Flügelaltar. Die einzelnen Felder umrahmt ein plastisches vergoldetes Rankenwerk. Im Mittelfeld wird Maria, die Gottesmutter, rechts von einem heiligen Papst und links vom hl. Sebastian begleitet. Sebastian hält offenbar einen Baum im Arm, an den er gebunden wurde, um dann von Bogenschützen beschossen zu werden. Maria trägt das Jesuskind auf dem rechten Arm und hält das Szepter der Himmelskönigin in der Linken.
In dem linken Seitenflügel stehen oben der heilige Valentin mit einer kleinen Figur zu seinen Füßen und der hl. Erasmus (er hält auf einer Winde seine eigenen Eingeweide), unten Joachim und Anna, die Eltern Marias. Auf dem gemalten Hintergrund deutet ein großer Nimbus (Heiligenschein) an, dass hier ursprünglich eine andere Figur angebracht war.
Auf dem rechten Flügel sind oben die heiligen Wolfgang und Nikolaus, unten Cäcilia mit einem aufgeschlagenen Buch und Dorothea dargestellt. Dorothea gilt als Patronin der Gärtner, sie trägt einen Korb.
Bischof Wolfgang hält eine Kirche, vielleicht seine Regensburger Bischofskirche, Bischof Nikolaus zeigt drei goldene Kugeln, mit denen er drei arme Mädchen beschenkt haben soll. Am Nikolaustag werden in seinem Namen den Kindern die Schuhe gefüllt.

Der Altar wurde um 1500 in Thüringen geschnitzt.

5 Glasfenster mit drei Jungfrauen

In der Nikolauskapelle am Dom steht an der Ostwand ein Relief mit drei Frauen, der Dreijungfernstein aus der Zeit um 1420 n. Chr. Er befand sich ursprünglich im Bergkloster (heute EWR-Verwaltung). Unser Fenster, um 1880/1890 von dem Glaser und Glasmaler Joachim Lettow in Frankfurt/Main geschaffen, zeigt dasselbe Motiv.
In einem Rahmen aus feinen Säulchen und gotischem Maßwerk stehen drei Mädchen. Sie tragen lange offene Haare, eine Krone auf dem Scheitel und einen Heiligenschein (Nimbus). Jede hält ein Buch und einen Palmzweig. Unten sind ihre Namen aufgeführt: S. Embede, S. Warbede, S. Willebede, sie werden also als Heilige bezeichnet.
Um die drei Mädchen ranken sich einige mittelalterliche Geschichten und Legenden. Sie sollen drei Schwestern gewesen sein, Prinzessinnen und Jungfrauen, und wie der Palmzweig andeutet, sind sie für ihren christlichen Glauben gestorben. Ein Buch in der Hand deutet auf Bildung und Klugheit hin.
Die Erklärungsversuche sind folgende: Es seien burgundische Königstöchter gewesen, die von den Hunnen verfolgt und getötet wurden, oder Jungfrauen aus dem Gefolge der hl. Ursula, die in Straßburg zurückgeblieben waren.
Andere Forscher weisen auf die germanischen und keltischen Matronen hin, die zumeist auch zu dritt verehrt wurden, auf die drei antiken Schicksalsgöttinnen, die Parzen oder Nornen. Eine Verbindung von mütterlichen Frauen der vorrömischen oder römischen Zeit mit den Jungfrauen des Mittelalters ist jedoch nicht nachweisbar.
Drei nichtchristliche Schwestern wurden offenbar noch im 11. Jahrhundert verehrt. Bei der Beichte wurden nämlich Frauen gefragt, ob sie im Haus einen Tisch mit Speis und Trank und drei Messern gedeckt hätten, „damit die drei Schwestern sich daran erquicken könnten?" Lautete die Antwort ja , dann wurde den Bekennenden Strafe und Buße auferlegt.

In Tirol, in Mühlheim an der Eis und in Hofheim/Taunus gibt es vergleichbare Darstellungen von drei Jungfrauen.

S·Embede S Warbede S Willebede·

6 Orgelgehäuse

Zur Einrichtung einer Kirche gehört nach landläufiger Meinung eine Orgel. Romanische und gotische Kirchen hatten, wenn überhaupt, eine Orgel im Chor, die den Chorgesang begleitete. In der Barockzeit wanderte die Orgel in das Kirchenschiff, zumeist an die Nordseite, weil dort die Temperaturschwankungen durch Sonneneinstrahlung geringer ausfielen als an der Südseite.

Die Orgel in der Andreaskirche ist auf der Mittelkonsole „1732“ datiert. Das Holzwerk ist von Säulen flankiert und reich mit Einlegearbeiten versehen. Die Orgel scheint einmal frei gestanden zu haben, auch die jetzige Rückseite ist reich profiliert und verziert.

Die Gemeinde in Dorn-Assenheim in Oberhessen hat sich zu einem uns nicht bekannten Zeitpunkt von der Orgel getrennt. Einige Pfeifen sind erhalten. Leider ist sie nicht mehr spielbar.

Der berühmte Orgelbauer W. Sauer aus Frankfurt/Oder, der eine Orgel für die Wormser Dreifaltigkeitskirche schuf, schenkte dem Museum um 1900 das Orgelgehäuse.

7 Die ersten Häuser

Seit 6000 v. Chr. entstand in unseren Breiten, die bis dahin nur herumstreifende Jäger und Sammler mit allenfalls kurzfristigen Hütten gekannt hatten, eine bäuerliche Welt, deren Bewohner nach ihrer verzierten Tonware als „Bandkeramiker" bezeichnet werden.

Zunächst siedelten die Menschen in den Flusstälern, dann breiteten sie sich an Hängen und in den Ebenen aus. Sie pflanzten Weizenarten, Lein und Mohn, Erbsen und Linsen an, sammelten weiterhin Wildfrüchte und Beeren, sie züchteten Rinder, Schweine, Schafe und Ziegen, und ihre Sesshaftigkeit ließ sie Langhäuser aus Holz und Lehm mit Stroh- oder Reisigdächern erbauen. Man beherrschte alle Techniken, um mit unterschiedlichen Steinwerkzeugen Holz zu bearbeiten.

In einem Haus von 30 bis 40 m Länge und 5 bis 8 m Breite lebte wahrscheinlich jeweils eine Großfamilie. Wenige Häuser bildeten eine Siedlung. Wo kein Bach in der Nähe floss, legte man tiefe Brunnen an, deren hölzerne Einbauten von der exzellenten Zimmermannstechnik in der Jungsteinzeit Zeugnis ablegen.

Die Menschen des Neolithikums unterhielten Fernkontakte, wahrscheinlich über reisende Händler, die ihnen Rohstoffe wie Feuerstein und Felsgestein aus dem Alpenraum und sogar Muscheln aus der Adria lieferten.

Die Epoche der Bandkeramik wird in die Zeit zwischen ca. 5600–4900 v. Chr. datiert. Dann folgen bis etwa 2200 v. Chr. verschiedene Kulturen oder Gruppen, die man anhand der Verzierungen auf ihrer Keramik und den sich wandelnden Werkzeugformen unterscheidet. Es lebten sehr viel weniger Menschen als heute in Rheinhessen, auch gab es Zeiten, in denen Siedlungslücken festzustellen sind.

Die Hinkelstein-Gruppe (um 4800 v. Chr.)

8 Muschelschmuck und Hirschgrandeln

In der Jungsteinzeit und besonders in der Hinkelsteinkultur trugen nicht nur Frauen Schmuck, auch in Männergräbern sind Halsketten und Anhänger gefunden worden. Beliebt waren Hirschgrandeln, die noch moderne Jäger zu Schmuck verarbeiten lassen. Ein Hirsch, jedoch nicht jeder, liefert nur zwei dieser oberen tropfenförmigen Eckzähne. Je dunkler sie sind, desto älter war das Tier. Um eine Anzahl von fast 20 Stück zu bekommen, hat der Jäger demnach viel Glück, Ausdauer und Geschicklichkeit benötigt. Die Zähne von Rothirschen waren so begehrt, dass man sie aus Muschelschalen nachschnitzte.

Die Muschelschalen (Spondylus) müssen ebenfalls kostbar gewesen sein, denn sie wurden im Gebiet der heutigen Adria aufgesammelt und über die Alpen verhandelt. Je weiter nördlich die Fundstelle liegt, desto seltener wird Spondylus.

Die Frau aus Worms-Rheindürkheim ist nicht nur mit Halsketten, Anhängern und einer Gürtelkette aus Grandeln, Muschelstückchen und kleinen Schneckenhäusern begraben worden. Man hat ihr auf jede Hand eine durchbohrte Spondylusschale gelegt, die bei der Ausgrabung noch Spuren roter Farbe enthielten. Gelber Ocker wurde in einem eiförmigen Tonnäpfchen beigegeben.
Die verstorbene junge Frau ist nur 25 bis 30 Jahre alt geworden. Sie muss eine besondere Position in ihrer Gemeinschaft eingenommen haben.
Man weiß, dass dem Hirsch bereits in urgeschichtlicher Zeit in den religiösen Vorstellungen vieler Völker besondere Bedeutung im Hinblick auf Jagdzauber und Gefahrenabwehr zukam. Unsere Tote könnte die Frau eines Jägers gewesen sein, oder war sie eher eine Priesterin?

Worms-Rheindürkheim Grab 6

9 Hinkelsteinkumpf

Nicht nur die Zimmerleute und Werkzeugmacher des Neolithikums waren Fachleute. Auch die ersten Tonwaren der jungsteinzeitlichen Töpfer sind professionell gearbeitet. Die Töpferscheibe war allerdings noch nicht bekannt. Die Schalen und Becher wurden freihändig aus Tonwülsten aufgebaut. Sie besitzen keine Standfläche, sondern der Boden ist abgerundet– wohl ein Zeichen dafür, dass man sie leicht in Sand oder Erde eingrub und nicht auf eine Tischplatte stellen wollte. Als Muster finden sich eingeritzte Bänder (sie gaben der Epoche den Namen „Bandkeramische Kultur"), eingeritzte Dreiecksgruppen oder Strichbündel, und die Vertiefungen waren mit weißer oder auch roter Paste eingelegt. Typisch für die Hinkelsteinkultur sind bäumchenartige Motive. Jede Generation und jede Region verwendete offenbar eigene Muster.

Gräber der Hinkelsteinkultur wurden in Worms-Rheindürkheim und Worms-Rheingewann ausgegraben. Weitere 33 Fundstellen gibt es in Rheinhessen. Den Namen erhielt diese Stufe der Jungsteinzeit nach dem ersten ausgegrabenen Gräberfeld bei Monsheim, das auf einem Acker in der Gewann namens Hinkelstein entdeckt wurde.

Inv. Nr. N 147a, aus Grab 21 in Worms-Rheindürkheim. Hier lag eine erwachsene Frau, die mit zwei Dechseln zur Holzbearbeitung bestattet worden ist.

Um 4900/4700 v. Chr.

10 Ein Prunkbeil aus Westhofen

Das Neolithikum (die Jungsteinzeit) wurde so benannt, weil die Menschen nun auf eine neue Art verschiedene Werkzeuge aus Stein herstellten, die meistens der Holzbearbeitung dienten.
Es gibt außer Werkzeug auch sehr elegante, dünne und fein polierte Beilklingen, hergestellt aus alpenländischer Jade. Das ist der Sammelname für seltene, zähe und gut zu polierende Gesteine wie Nephrit, Eklogit oder Jadeit.
Einige wenige Beile aus diesem seltenen Material von besonderer Größe wurden vor allem nördlich von Main und Oberrhein gefunden. Auch im nördlichen Frankreich kommen sie vor, und sie scheinen vom Westalpengebiet aus entlang der Flüsse Seine, Loire, Mosel, Maas und Mittelrhein verhandelt worden zu sein.
Nach neuesten Untersuchungen stammt das Rohmaterial für das Westhofener Beil aus dem Voltri-Massiv.
Das spitznackige, vollständig polierte Beil ist aus reinem lauchgrünem Jadeit gefertigt und 26 cm lang. Seine stumpfe, zum Arbeiten nicht geeignete Schneide ist nur wenig geschwungen.
Das Beil wurde vor 1890 bei Westhofen entdeckt, und zwar als Einzelfund.
An den wenigen anderen Fundstellen traf man diese großen Beile zumeist einzeln an, manchmal waren sie zu mehreren zusammengelegt wie in Mainz-Gonsenheim oder in Arzon/Carnac in der Bretagne.

Die großen, nur als Schauobjekte erklärbaren Beile werden wegen des kostbaren Materials und ihrer Größe als „Prunkbeile" bezeichnet. Sie werfen ein Schlaglicht auf eine Gesellschaft, in der Personen oder Personengruppen von Rang herausgehoben waren. Diese verfügten vielleicht über mehr Macht und Einfluss als andere Menschen und besaßen Gegenstände von besonderem Wert und Symbolkraft, die sie gegebenenfalls in einem Ritual im Boden deponieren konnten. Das scheint auch anzudeuten, dass in der Jungsteinzeit nicht nur das tägliche Leben gesichert war, sondern auch Überschüsse für Luxusgüter erwirtschaftet werden konnten.

Inv. Nr. N 42, Flachbeil aus Westhofen
Länge 26 cm, Breite 12,3 cm, Dicke 2,2 cm, 722 g
Um 4500–4000 v. Chr.

11 Adlerbergnadeln

In der Zeit nach 2300 v. Chr. hat man begonnen, Kupfer zu verarbeiten, schließlich entdeckte man das Mischungsverhältnis von etwa 90 % Kupfer und 10 % Zinn, also Bronze.
Die schön geschwungene Nadel mit leicht eingerolltem Kopfende aus der Frühbronzezeit (2300–1800 v. Chr.) stammt von der Fundstelle „Adlerberg“ im Süden der Stadtgemarkung von Worms, in der Nähe des heutigen Flugplatzes.
Der Typus wird nach seinem Fundort „Adlerbergnadel“ genannt.
Die Nadeln bestehen aus Kupfer, es gibt sie auch aus Knochen geschnitzt, und sie haben einmal Umhänge oder Halsausschnitte von Kleidern zusammengehalten.

Die „Adlerbergleute“ betrieben Landwirtschaft auf den fruchtbaren Lößböden Rheinhessens, sie standen in regem Handelsaustausch mit entfernteren Regionen bis hin zum Nördlinger Ries und nach Straubing in Bayern.
Der neue Werkstoff wurde zunächst sparsam eingesetzt. Manche Frauen benutzten Kupferpfrieme und manche Männer verfügten über kleine dreieckige Dolche von nur 4,5 bis 11 cm Länge, die offenbar mehr als Statussymbole denn als Waffen galten. Sie hatten einst Holzgriffe und steckten in Futteralen.

Adlerbergnadeln besitzt das Wormser Museum aus Westhofen, Worms-Weinsheim und natürlich vom Wormser Adlerberg.

Adlerberg III

12 Frau und Kind der Bronzezeit

In der mittleren Bronzezeit zwischen etwa 1600 und 1200 v. Chr. verfügte man über große Mengen von Bronze. Die Bearbeitung des Metalls erreichte ihren Höhepunkt, Kupfer wurde nur noch in legierter Form verwendet.

Frauen und kleinen Mädchen wurden schwere Armspiralen und Beinbergen angelegt, die unter kürzeren Röcken hervorblinkten. Was heute dunkelbraun und grün aussieht, ist Patina – zu Lebzeiten der Besitzerinnen leuchtete das Metall goldfarben. Frauen trugen Radnadeln auf der Brust, Männer Nadeln mit dicken Köpfen zum Verschließen der Kleidung.

Man besaß offenbar mehr Metall, als man für eigene Zwecke, Schmuck, Werkzeuge und Waffen verwenden konnte. Rohformen an Beilen und Sicheln hatten auch Geldfunktion. Die Überschussproduktion veranlasste zu Horten oder Depots: Bruchstücke, Gussbrocken, Schmuck, Werkzeuge wurden zusammengepackt und vergraben – um Gottheiten zu opfern oder um Vorräte anzulegen?

Frauengrab aus Hamm, Inv. Nr. BE 33
Kindergrab von Worms, Westendschule, Inv. Nr. BE 32

Frau aus Hamm
Mittlere Bronzezeit

Mädchen von Worms
Westendschule

13 Mondidole

Eigentümliche schmale Objekte, im Einzelnen durchaus verschieden, fanden die Archäologen in Siedlungen der späten Bronzezeit, auch Urnenfelderkultur genannt (zwischen 1300/1200 und 800 v. Chr.). Die nicht sehr breiten und deshalb auch nicht ganz standsicheren Plastiken (manchmal haben sie einen Standfuß) von 25 bis 30 cm Länge sind mit Rillen und Eindrücken verziert, sie können Löcher aufweisen und in Vogelköpfen enden, die Spitzen sind auswärts oder einwärts gebogen. Der schöne Name „Mondidol" rührt von der an einen Halbmond erinnernden Form her. Waren sie Abbilder des Halbmonds?

Nie wurden sie paarweise entdeckt, das spricht gegen die Deutung als Feuerböcke. Auch zeigen sie keine Brandspuren, die von einer Position am Herdfeuer stammen könnten. Bratspieße waren zudem noch nicht gebräuchlich.

Als Nackenstützen sind sie zu schmal. Vielleicht waren sie als Schmuck, Abzeichen oder Amulett auf dem Dachfirst von Häusern angebracht? Befestigungsspuren gibt es jedoch nicht. So scheinen diese Objekte stumm und rätselhaft zu bleiben.

Mondidol BE 566 mit Vogelkopfenden aus der Grabung Worms-Adlerberg 1910
Mondidol BE 643 aus Alzey-Dautenheim

643

14 Das Pferd von Abenheim

Pferde waren stets die kostbarsten Nutztiere der Menschen. Sie dienten Kriegern und Reitern zur schnellen Beweglichkeit, auch Damen konnten sich auf Pferde setzen. Nur Wagen von Fürsten wurden von Pferden gezogen. Lastkarren ließ man von starken Ochsen ziehen.

Als im Bereich von Worms-Abenheim ein Autobahnzubringer gebaut wurde, unternahm das Museum Grabungen, denn man wusste, dass hier steinzeitliche und eisenzeitliche Siedlungen lagen. In einer Grube fand sich ein Pferdeskelett. Die Knochen stammten von einer trächtigen Stute im Alter von sechseinhalb Jahren. Das Pferd hatte mit einer Widerristhöhe von 1,32 m etwa die Größe eines heutigen Ponys. Das tote Tier wurde zerteilt in die Grube gelegt, nachdem man ihm das Fell abgezogen hatte. Das Fleisch hingegen löste man nicht von den Knochen.

C^{14}- Untersuchungen haben eine Datierung zwischen dem späten 8. und dem 5. Jahrhundert v. Chr. ergeben. Das Pferd lebte und starb in der Hallstattzeit.

Vielleicht lag hier in den Rautwiesen eine der Siedlungen, die den Fürsten von Herrnsheim unterstanden.

Siehe auch Nr. 15

15 Die Fürsten von Herrnsheim

Wenige Goldobjekte sind in Worms und seiner Umgebung gefunden worden. Eine Ausnahme machen Gräber aus Worms-Herrnsheim, die man einer vielleicht fürstlichen, jedenfalls aber hochstehenden Familie zuschreibt.
Die Fürsten von Herrnsheim lebten in der späten Hallstattzeit (um 450 v. Chr.). Sie stellten Reichtum, Überfluss und ihre internationalen Beziehungen auch in ihren Gräbern dar – vor dem Begräbnis gab es sicher eine öffentliche Aufbahrung, alle Grabbeigaben wurden dabei zur Schau gestellt.
Zu Fürstengräbern gehört ein Fürstensitz, eine Residenz. Leider hat es in Rheinhessen kaum jemals Forschungen zu Siedlungen gegeben, deshalb wissen wir nicht, wo die Familie gelebt hat. Allzuweit von den Gräbern dürfte der Ort nicht gelegen haben.
1952 wurde das erste Grab entdeckt. Es barg die sterblichen Reste einer jungen Frau. Sie trug reichen Schmuck: zwei goldene Armreifen, zwei goldene Fingerringe, einen Oberarmreifen aus Sapropelit, vielleicht Import aus Böhmen (Kännelkohle oder Sapropelit ist verfestigter Faulschlamm, der unter Druck und Luftabschluss entstand, er ist verwandt mit Jett und Gagat). Ein Gürtelreifen aus Eisen, der einst silbrig schimmerte, eine Gürtelkette aus Bronze und ein Ledergürtel mit bronzenen Gürtelhaken gehörten zu ihrer Ausstattung. Auch stand eine Kanne im Grab, die in Italien (in der Toskana) von etruskischen Schmieden gearbeitet worden war.

1995 entdeckte man das zweite Grab. Wieder barg es eine junge Frau, die ganz ähnlich mit Schmuck versehen war: zwei goldene Armreifen, zwei Fingerringe, Sapropelitarmreif, außerdem muss sie eine Haube, ein Stirnband oder eine besondere Frisur getragen haben, in der vier goldene Ringe mit angesetzten traubenartigen Kügelchen befestigt waren. Ebenso war eine etruskische Schnabelkanne vorhanden.

Reichtum und kostbare Importobjekte dürften nicht nur durch Landwirtschaft finanziert worden sein, sondern auch durch Zölle, Sicherung der Verkehrswege für die Fernhändler und vielleicht durch kriegerische Aktionen.

Siehe auch Nr. 14 und Nr. 16

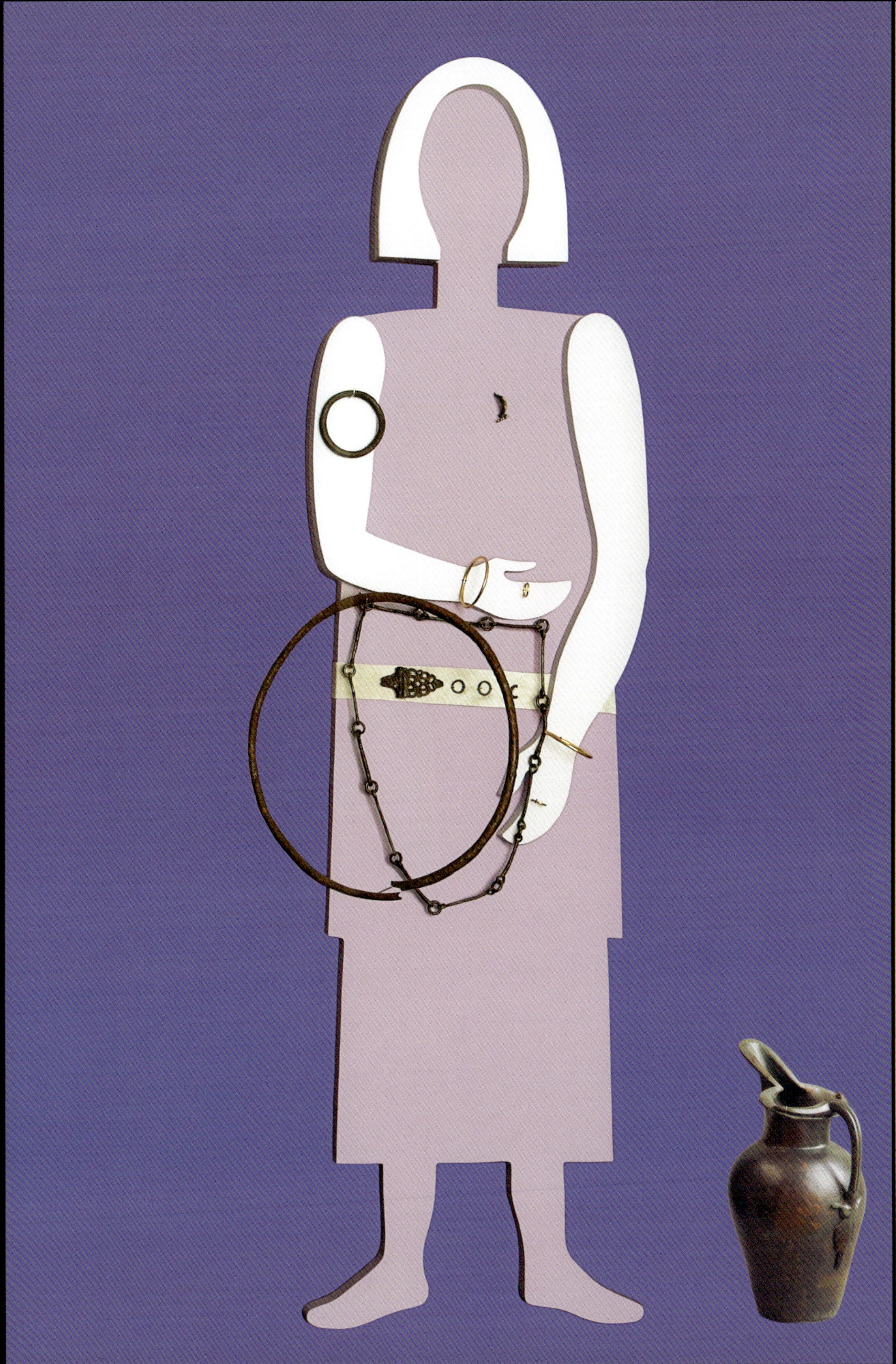

16 Etruskische Schnabelkanne

Die Fürsten der Hallstattzeit, wie die Familie in Herrnsheim, ließen sich elegante Kannen aus Etrurien, der heutigen Toskana, bringen. Eine solche Kanne findet sich in beinahe jedem Grab des 5. Jahrhunderts v. Chr., in dem ein Mitglied der oberen Gesellschaftsschicht bestattet war.

Die Kanne ist aus Bronzeblech getrieben. Der langgezogene Ausgussschnabel wurde gegossen und angesetzt, ebenso wie der separat gegossene elegante dünne Henkel, dessen Arme den Rand umfassen und der am Körper der Kanne mit einer Blattattasche ansetzt. Die Attasche kann mehr oder weniger stark verziert sein.

Die Herrnsheimer Kanne war in Stoff eingewickelt in das Grab gestellt worden, gefüllt vielleicht mit traditionellem Met wie Kannen der Keltenfürsten vom Glauberg, in denen Spuren von Honig gefunden wurden.

Kanne, Bronze, Höhe 29 cm, Fundort Rheinhessen

17 Doppelgrab aus Eich

Zu allen Zeiten haben die Menschen ihre verstorbenen Angehörigen sorgfältig bestattet. Die Gewohnheiten änderten sich mit den Epochen.
Als Hockergräber üblich waren, legten die Hinkelsteinleute ihre Toten ausgestreckt auf den Rücken. Manchmal häufte man einen Erdhügel über dem Grab auf, dann wieder wurden Urnenfelder angelegt. Feuerbestattungen (Brandgräber) und Körpergräber wechselten einander ab. Zu allen Zeiten scheint ein Glaube an ein Weiterleben nach dem Tod beherrschend gewesen zu sein, für das der Tote mit seinen Statussymbolen, Kleidern und Schmuck, manchmal auch Arbeitsmitteln und immer mit Nahrung auszustatten war.

Fast immer sind die Toten wohlgeordnet in eigenen Bereichen begraben worden. In der La-Tène-Zeit gibt es hingegen eine größere Anzahl von Ausnahmen. Einzelne Tote finden sich in Siedlungsgruben bestattet, also nicht, wie man es als regulär ansieht, auf einem Friedhof.

Auf den ersten Blick erscheinen die beiden Toten aus Eich wie zufällig in einem Grab zu liegen. Die auffällige Doppelbestattung in den Sandhügeln von Eich hatte die Ausgräber von 1935 bewegt, weil sie meinten, Unglücksopfer vor sich zu haben ... eine Mutter versuchte, in einem Sandsturm oder Unwetter ihr Kind mit dem Körper zu schützen ...
Auf den zweiten Blick aber erkennt man, dass sowohl das Kind als auch die junge Frau so gebettet sind, als ob sie auf der Seite liegend schlafen. Das 4 bis 5 Jahre alte Kind wurde mit Erde bedeckt, bevor man die 25-jährige Frau in das Grab legte.

18 Grabstein des Argiotalus

Die Römerzeit begann in Worms und Rheinhessen etwa zwischen 20 und 30 n. Chr. Ungefähr 80 Jahre, seit etwa 70/50 v. Chr., war Rheinhessen siedlungsleer gewesen. Zu dieser Zeit wanderten die bisher ansässigen Kelten ab, vermutlich um den anhaltenden Überfällen von Germanen auszuweichen, die östlich des Rheins lebten. Allerdings liegt keine Keltenstadt unter dem Boden von Worms, ihre Siedlungen und Gräber haben sich zum Beispiel nördlich und westlich der Wormser Innenstadt gefunden (in Worms-Herrnsheim, Worms-Abenheim, Worms-Pfeddersheim).
Als die Römer in den Jahren nach der Varusschlacht (9 n. Chr.) den Rhein als Grenze des Reiches bestimmten, bestand das große Legionslager in Mainz schon, und sie gründeten am Fluss entlang kleinere Militärstützpunkte. Nun taten zwischen 300 und 400 Soldaten Dienst in dem Kastell, das in der heutigen Wormser Innenstadt vermutet wird. Sie wurden vom Militärkommandanten in Mainz eingesetzt. Die Männer stammten aus ganz Westeuropa und dienten nicht in einer Legion, sondern in leichter bewaffneten „Hilfstruppen". Sie mussten sich das römische Bürgerrecht erst verdienen. Nach ungefähr 20 Jahren Dienst wurden sie samt Frau und Kindern dann zu römischen Bürgern.
Der Gallier Argiotalus, Sohn des Smertulitanus aus der Gegend von Nantes am Atlantik, starb dreißigjährig nach 10 Dienstjahren in der Ala Indiana, einer Kavallerieeinheit. Argiotalus war Reiter und hat sich auf einem galoppierenden Pferd in einer Nische darstellen lassen. In der linken Hand hält er den Schild, mit der rechten schwingt er die Lanze. Seine Erben haben ihm den Stein gesetzt. Zu dieser Zeit war Feuerbestattung üblich, das heißt, der Tote wurde auf einem Scheiterhaufen verbrannt, die Knochenreste wurden in der Erde beigesetzt.
Der Grabstein ist das älteste Schriftzeugnis in Worms. Er wird in die Jahre zwischen 20 und 40 n. Chr. datiert. Zu dieser Zeit gab es noch keine zivile Siedlung, allerdings entstanden an den Straßen, die in das Kastell führten, mit Duldung des Stützpunktes sicher bald Geschäfte, Wirtshäuser und andere Bauten.
Der Grabstein des Argiotalus wurde 1666 vor der Martinspforte, in der Kreuzung Siegfriedstraße-Mainzer Straße-Friedrichstraße gefunden.

Nr. 8 nach der Zählung der Grabsteinbeschriftungen in Kreuzgang und Kirche

Argiotalus
Smertulitani f(ilius)
Namnis equ(es) ala Indiana
stip(endiorum) X ann(orum) XXX
h(ic) s(itus) e(st)
(h)eredes posuerunt

Argiotalus,
Sohn des Smertulitanus,
Namnete, Reiter in der Ala Indiana,
10 Dienstjahre, 30 Jahre alt,
liegt hier begraben.
Seine Erben setzten den Grabstein.

ARGIOTALVS
SMERTVLITANI
F·NAMNIS·EQ
STIPX ANNO
XXX H S E
EREDES POSV
RVNT

19 Grabstein des Quintus Carminius Ingenuus

Der größte erhaltene römische Stein wurde um 30/40 n. Chr. einem Offizier gesetzt, der wohl ein römischer Bürger gewesen ist. Seine drei Namen (Vorname, Familienname, Beiname) und sein Rang als Feldzeichenträger (signifer) legen das nahe.
Der stolze Reiter auf reich geschirrtem Pferd hat einen von zwei nackten Feinden niedergeritten und zielt mit der Lanze auf den langhaarigen zweiten Mann.
Mit ihnen könnten Germanen gemeint sein. Beide Kämpfer versuchen, sich mit ihren Schilden vor den Pferdehufen zu schützen.
Der Reiter trägt die römische Uniform eines Reiters: enge Kniebundhosen, kurzärmliges Hemd (Tunica), darüber einen Kettenpanzer. Ob die „Manschette" am rechten Handgelenk von einem Handschuh stammt oder einen breiten Armreifen wiedergibt, ist nicht bekannt. Das lange Schwert hängt am Gürtel, denn der Mann führt gerade die Lanze. Der Schild wird hinter dem Kopf des Pferdes sichtbar, er hängt entweder am linken Arm des Reiters oder am Sattel. Auch das Feldzeichen musste am Sattel eine Halterung haben.

Quintus Carminius Ingenuus hatte bei seinem Tod schon 25 Dienstjahre aufzuweisen. Er ist als aktiver Soldat gefallen oder gestorben. Über seine Herkunft steht nichts auf dem Stein. Er hat ein Testament errichtet, genügend Geld für einen Grabstein hinterlassen und Iulius Sacer (einen Mitsoldaten?) als Erben eingesetzt.
Die berittene Einheit (ala Hispanorum) bestand ursprünglich aus iberischen („spanischen") Männern, aber wenn junge Männer nachrücken mussten, nahm man auch solche aus anderen Gegenden auf.
Wie der Grabstein des Argiotalus wurde auch diese Platte 1666 vor dem Mainzer Tor gefunden.

Nr. 13 nach der Zählung der Grabsteinbeschriftungen in Kreuzgang und Kirche

Q(uinto) Carminio Ingenuo
equiti alae Hispanorum annorum
stip(endiorum) XXV signifero
Sacer Iulius h(eres) e(x) t(estamento)

Für Quintus Carminius Ingenuus,
Reiter in der Ala Hispanorum,
... Jahre, 25 Dienstjahre, Feldzeichenträger,
hat sein Erbe Iulius Sacer gemäß Testament
den Stein gesetzt.

Q CARSIV NIG
HISPANORV
STIP XXV
SACER IVLIVS H

20 Römischer Helm aus dem Altrhein

Der Rhein hatte vor seiner Begradigung im frühen 19. Jahrhundert viele Möglichkeiten, seinen Lauf ganz oder teilweise zu verändern, sich zeitweise ein neues Bett anzulegen. Noch heute wird die Landschaft um Worms durch Altrheinarme geprägt. Daher konnte man in der Römerzeit hier auch keine Brücken bauen, sie hätten einen stabilen Wasserlauf erfordert. Mächtige Kies- und Sandschichten hat der Fluss abgelagert. Sie werden bis heute abgebaggert. Dabei treten Fundobjekte aus allen Zeitstufen ans Licht, vom Mammutzahn und Geweih des Riesenhirsches hin zu verlorenem Beutegut germanischer Plünderer.
In der Umgebung von Eich gibt es eine Reihe von Kiesgruben, aus denen auch römische Funde stammen, unter anderem Waffen.
Ein bis auf seine Wangenklappen bestens erhaltener Helm aus Messing (nicht, wie zwei andere im Museum ausgestellte Helme, aus Eisen mit Messingverzierungen) ist über Model getrieben. Die Oberfläche war verzinnt, wodurch der Helm silbern schimmerte. Er war einige Jahrzehnte in Gebrauch. Spuren zeigen, dass er auch im Kampfeinsatz getragen worden ist.
Über der Stirn wurde eine s-förmige Verzierung getrieben und ein tordierter (in sich gedrehter) Blechstreifen zur Randverstärkung umgelegt. Oben war ein Helmbusch befestigt. Ein massiver Querbügel sollte Schwertschläge parieren.
Der Nackenschutz ist durch Rippen verstärkt. Verloren sind beide Wangenklappen, außerdem wurde der Helm einmal geändert. Zunächst waren die Wangenklappen kurz vor dem Nackenschutz angenietet. Später wurden Ausnehmungen für die Ohren geschnitten und die Wangenklappen weiter nach vorne versetzt.
Der Helm gehörte zunächst einem Legionssoldaten um die Zeitenwende. Er dürfte mehreren Männern nacheinander gedient haben.

Warum der Helm und andere Waffen im Wasser des Rheins landeten, wissen wir nicht. Sie könnten an einem Rheinübergang verloren oder den Flussgöttern geopfert worden sein. Ob wie in Worms und vermutlich auch in Osthofen im 1. Jahrhundert n. Chr. hier ein Militärstützpunkt angenommen werden darf, müssten weitere Forschungen beweisen.

21 Gesichtsurne aus Bingen

In den Gräbern, denn fast nur in Gräbern findet man vollständig erhaltene Gefäße, wurden meistens neuwertige, seltener schon gebrauchte, aber doch ganz gewöhnliche Töpfe als Leichenbrandbehälter verwendet. Einige wenige jedoch sind eigentümlich verziert. Eine besondere Form unter den zahlreich gefundenen Gefäßen ist die „Gesichtsurne".
Vor dem Brennen hat der Töpfer Nase, Mund, Augen und Augenbrauen anmodelliert. Dabei hat nicht etwa das Gefäß einen Kopfaufsatz erhalten, sondern der Topf schaut uns vom Bauch an. Die graue Urne aus Bingen trägt ein Gesicht mit Mündchen, Stupsnase und kleinen Augen, die unter riesigen, sehr weit geschwungenen Augenbrauen sparsam modelliert wurden.

Was bedeuten Gesichter? Noch immer sind Gesichtsurnen ungedeutet. Sollten die Masken böse Geister abschrecken?

Urnen mit Gesichtern sind immer Einzelstücke und individuell gestaltet, vielleicht auf Kundenwunsch, vielleicht aus einer Laune des Töpfers.

Inv. Nr. R 1294, Höhe 26,3 cm, aus Bingen
Vergleiche Nr. 26 Wormser Gesichtskrüge

22 Blauer Glasbecher

Für uns ist es selbstverständlich, nämlich: glasklar!

In der Antike sah man das anders. Glas war vor allem zunächst undurchsichtig, farbig, blau, gelb, weiß oder grün. Es erinnerte die Menschen an kostbare Steine, und noch heute werden die Glasfarben nach Edelsteinen benannt: Topas, Rubin, Turmalin, Amethyst ...
Glas wurde zunächst in Formen geschmolzen, bis sich im 1. Jahrhundert n. Chr. die Glasmacherpfeife verbreitete, mit der Hohlglas geblasen werden kann. Man begann jetzt auch, die Glasmasse zu entfärben, um nahezu durchsichtige Gefäße herzustellen.

Der dunkelblaue Becher besteht aus Glas, das mit Kobaltoxid gefärbt ist. Er wurde in eine Holzform geblasen. Nach dem Erkalten schliff man eine zarte und eine breitere Rille in die Wandung und rundete den Rand ab.

Der kostbare Becher dürfte aus einem Grab der Mitte des 1. Jahrhunderts n. Chr. stammen.

Bad Kreuznach-Planig 1885, Inv. Nr. R 903, Höhe 7,5 cm, Durchmesser 8,4 cm

23 Schauspielermaske

Die lebensgroße Maske zeigt grotesk aufgerissene Augen und eine große krumme Nase. Gezackte Ränder, nicht weiche Lippen, bilden den Mund. Reste der Bemalung sind ein schwaches Blaugrau um die Augen und gelbbraune Striche, die Augenbrauen und Nasenfalten betonen.
Auch wenn die Maske lebensgroß ist, man sie sich vor das Gesicht setzen und mit Schnüren, die man in den Löchern beidseits der Ohren einfädelt, am Kopf festbinden könnte, so dürfte sie eher nicht auf der Theaterbühne getragen worden sein. Dazu ist sie auf Dauer zu unbequem. Die Schauspieler der Antike spielten stets mit Masken, weil sie Typen darstellten: das junge Mädchen, die kupplerische Amme, den jungen Mann usw. Diese Masken bestanden aus Stoff und Leder.

Die Wormser Maske wurde 1890 in der Nähe des Andreasstifts, im Neusatz, gefunden. Sie ist nicht in Worms getöpfert worden, sondern sie ist ein antiker Import aus Köln, wo man weiß brennenden Ton zu Götter- und Tierfiguren und eben solchen Masken verarbeitete.

Inv. Nr. R 4631, Maske, weißer Kölner Ton, Höhe 27 cm

24 Bernsteingruppe aus Kriegsheim

Wir kennen aus dem späten 3. Jahrhundert n. Chr. in Rheinhessen eine Reihe von Sarkophagbestattungen mit besonderen Kostbarkeiten. Diese Sandsteinsärge wurden meistens vereinzelt angetroffen, nicht in einem Gräberfeld.

Nahe Kriegsheim bei Monsheim wurde 1878 eine solche Bestattung aufgedeckt. Es war „ein vereinzelter Steinsarg, in dem insbesondere eine Nadel sich fand, deren Kopf in einem großen Stück Bernstein bestand, mit zwei frei gearbeiteten Figuren." Leider ist unbekannt, welche Objekte außerdem beigegeben waren, und das Skelett wurde zu der damaligen Zeit ohnehin sogleich auf dem nächsten Friedhof bestattet. Zwei nackte Männer stehen in einer angedeuteten Weinlaube. Zu Füßen der linken Figur sitzt ein Panther. Es handelt sich um Bacchus (oder Dionysos), den Gott des Weines, der im Zustand der Trunkenheit von einem Satyr gestützt wird, einem mythischen Wesen von menschlicher Figur mit Ziegenbeinen. Hier ist der Satyr recht menschlich geraten. Unten ist die von den ersten Berichterstattern vermutete Nadel oder eine Spiegelfassung abgebrochen.

Nördlich der Alpen gibt es nur wenige vergleichbare Objekte. Der Verwendungszweck unserer wie der anderen Bernsteingruppen ist nicht bekannt.

Bernstein wurde in der Antike wie heute noch im Baltikum, an der Ostsee, abgebaut oder gesammelt und in das Römische Reich als begehrter Schmuckrohstoff verhandelt. Von der Bronzezeit bis in das Frühmittelalter wurden daraus hauptsächlich Perlen geschnitzt.

Inv. Nr. R 4699 Bernstein, Höhe 9,3 cm

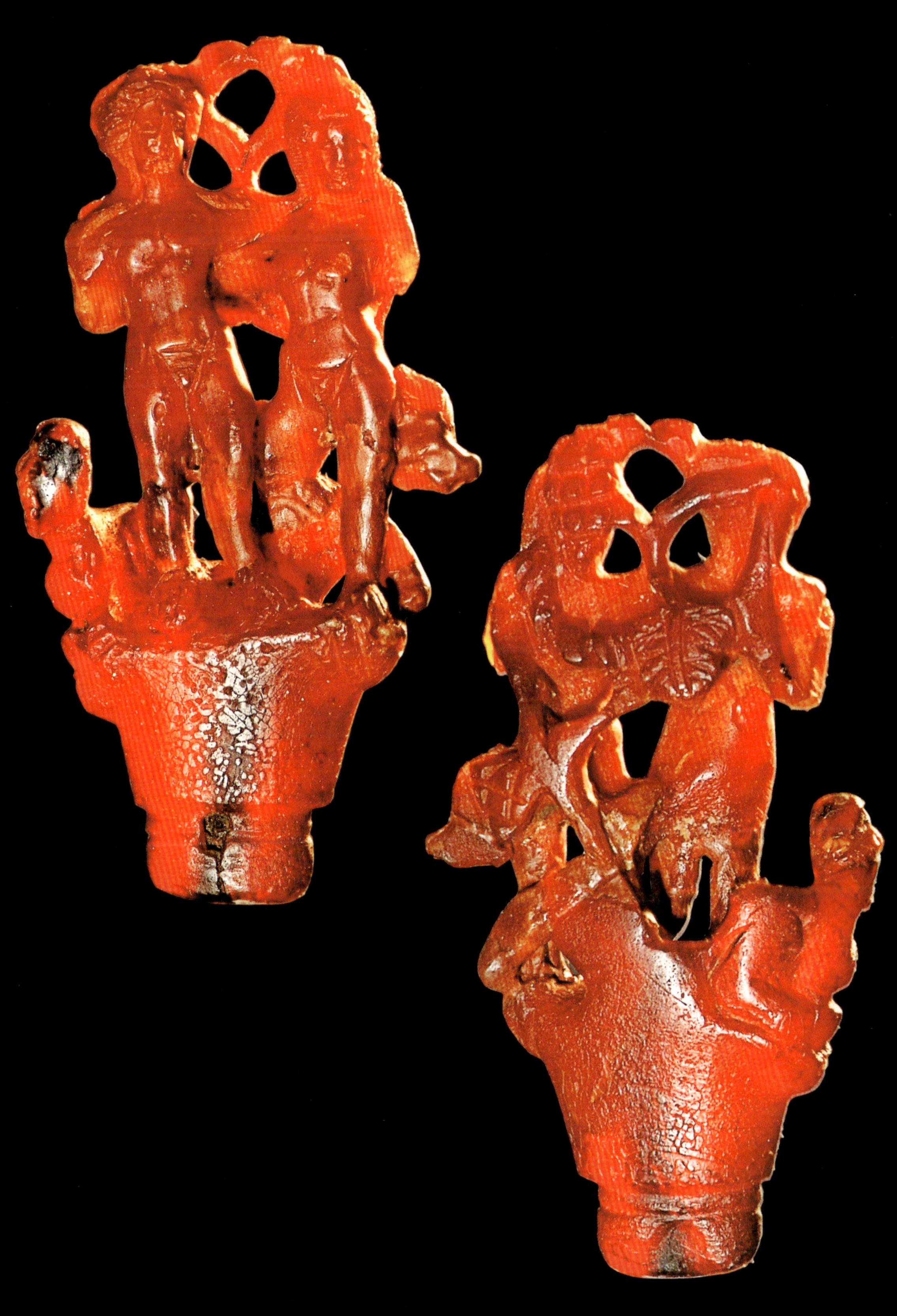

25 Becher mit Hexameter

Römisches Tischgeschirr aus rötlicher, mit einem glänzenden Überzug versehener Terra Sigillata war teurer als Teller und Becher aus gewöhnlichem Ton von Töpfern in Worms. Der Name bedeutet „Erde mit Bildern" oder „gestempelter Ton", obwohl nur einige Formen mit figürlichem Dekor verziert waren.

Der Becher stammt aus einem Frauengrab in Worms-Weinsheim, das zur Gruppe der besonders reichen Bestattungen im späten 3. Jahrhundert gehört (wie das Grab aus Kriegsheim, Nr. 24). Neben einer sehr großen Reibschüssel aus Terra Sigillata, in der man sich Grüne Sauce vorstellen darf, einem Becher, dem großen Krug und Tellern aus gewöhnlichem Geschirr, einer Kiste mit Bronzebeschlägen und drei Gläsern von Miniaturgröße stand unser außergewöhnlicher Becher im Grab. Das Gefäß aus Terra Sigillata hat nicht die kleinste Verletzung erlitten. Auf der breiten Bauchzone mit Blättern und Rankenwerk jagt ein Hund einem Hasen nach. Das Muster ist en barbotine aufgetragen, also aus Tonschlicker aufgespritzt, danach wurde der spezielle Sigillataüberzug aufgebracht.

Auffällig ist schließlich die lateinische Inschrift, die mit einem Pinsel weiß aufgemalt worden ist. Eine Reihe aus sechs Punkten zeigt den Beginn des Verses an, der in Großbuchstaben fachmännisch um den Hals herum komponiert ist. Der Satz wurde im Versmaß des Hexameters verfasst, wie Homers Epen Ilias und Odyssee oder die Aeneis des Vergil. Er heißt übersetzt „Nimm an, was wir darbringen und den Manen gerne und freudig (opfern)". Die Manen sind die Geister der Unterwelt. Wir finden Weihungen an sie auch auf Grabsteinen und Sarkophagen wie dem der Spectatia Spectata (Nr. 29).

Der Becher fasst ungefähr zwei Liter und dürfte als Biergefäß gedient haben.

Inv. Nr. R 4298, Becher aus Terra Sigillata, Höhe 23,5 cm, Randdurchmesser 9,3 cm

RIMVSMANIBVSQVE LIBENTES FELICITER ESCIPE QVE FE

FELICITER ESCIPE

26 Wormser Ware: Die Gesichtskrüge

Das Gebiet zwischen dem Rhein und dem Odenwaldlimes stand zwischen 80 und 260 n. Chr. unter römischer Kontrolle. Dann wurde es wegen sich häufender Germaneneinfälle für römische Landwirte unattraktiv. Die Leute packten ihre bewegliche Habe und begaben sich auf linksrheinischem Gebiet in den Schutz der Städte und Garnisonen. In Worms wurde nun wieder Militär stationiert, vermutlich in Gestalt einer mobilen Eingreiftruppe.
Nach 260 n. Chr. erlebte Worms eine neue wirtschaftliche Blüte. Die Stadt wuchs, der neue Reichtum äußert sich auch in reichlich ausgestatteten Körpergräbern, Holzsärgen und Steinsarkophagen.
In der ersten Hälfte des 4. Jahrhunderts machte sich ein erfinderischer Töpfer mit seiner Werkstatt den Wohlstand zunutze und bot ausgefallene Krüge und Kannen an, die er auf Wunsch individuell dekorierte.
Man hat bisher 120 Wormser Gesichtskrüge in 10 Varianten (Typen) gezählt.
Aus einem Model geformte und an den Ausguss von schlanken eiförmigen Krügen angesetzte Masken zeigen einen Frauenkopf mit der damals hochmodischen Scheitelzopffrisur.
Die Gesichtskrüge tragen einen orangeroten Überzug, Kopf, Hals und Henkel sind hautfarben bis weißlich getönt. Leider war die Bemalung nicht sehr haltbar, aber manchmal haben sich weitere Details im Gesicht und von Schmuck wie Halsketten, Punkte, Streifen, Girlanden erhalten.

Die Werkstatt arbeitete in der südlichen Stadt und hatte ihren Hauptkundenkreis in Worms. Aber auch in der Pfalz und in Alzey gab es Abnehmer. Die schönsten Exemplare fanden sich gut erhalten in Gräbern. Scherben von Gesichtskrügen im Schutt der Siedlungen beweisen allerdings, dass man sie auch im Alltag verwendete und sich an ihnen erfreute.

Siehe auch Nr. 27 und Nr. 28

27 Wormser Ware: Taubenkanne

Die Werkstatt der Wormser Gesichtskrüge fertigte auch Krüge und Kannen anderer Form. Warum dann nicht auch Becher produziert wurden? Wir wissen es nicht.

Eine breitschultrige Kanne mit schlankem Hals und Ausguss trägt auf der Schulter ein weiß aufgemaltes Motiv. Zwei gegenständige Tauben wollen aus einem Kantharos, einem zweihenkeligen großen Kelch auf einem Fuß, picken. Vielleicht bedeuten die Punkte im Gefäß Weintrauben? Ähnliche Darstellungen kann man auf Mosaiken in Pompeji finden.

Der Taube, die im Orient als Tier der Liebesgöttin galt, wurde ein zärtlicher Charakter zugesprochen, weshalb sie in der Antike zum Inbegriff von Liebe und Sanftmut wurde.

Inv. Nr. R 30
Gefunden im Gräberfeld Worms Maria Münster 1882

Siehe auch Nr. 26 und Nr. 28

28 Wormser Ware: Fässchen

Wir kennen stehende Fasskannen aus Glas, und andernorts wurden auch kleine Fässer aus Ton mit glänzender Bleiglasur gefunden.
Unser Fässchen stammt aus der Werkstatt der Gesichtskrüge. Auf den orangefarbenen Ton wurde ein hellroter Überzug aufgetragen. Das Stück hat gleich zwei Standmöglichkeiten. Gegenüber dem Ausguss mit zwei Henkeln wurde der Boden etwas abgeplattet, und an einer der Seiten ist ein Standring gearbeitet. Der Behälter dürfte etwas mehr als einen Liter fassen.

Das Fässchen wurde im südwestlichen römischen Friedhof gefunden, der unter dem Namen Kirschgartenweg/Bollwerk bekannt geworden ist.

Inv. Nr. R 6548, L 19,8 cm, Höhe 16,2 cm

Siehe auch Nr. 26 und Nr. 27

29 Sarkophag der Spectatia Spectata

Um 80 n. Chr. vergrößerten die Römer ihr Reichsgebiet nach Osten und zogen mit dem Odenwaldlimes eine neue Grenze. Nun konnte die römische Stadt Borbetomagus gegründet werden, mit Straßen, die heute noch unter der Kämmererstraße und der Römerstraße verlaufen, Tempeln, öffentlichen Gebäuden und eigener Verwaltung.
Nur wenige Grabinschriften der Einwohner haben sich im Museum erhalten. Außer der jungen Fausta (im 1. Stock) und den Brüdern Severius Lupulus und Severius Florentinus (an der Wand im Kreuzgang) lernen Sie eine wohlhabende Familie mit mehreren Töchtern kennen.
Ein mächtiger Kasten aus grauem Sandstein, über 2,20 m lang, diente als Sarg. Vermutlich war er ursprünglich in einem größeren Grabbau aufgestellt, die Passanten sollten den Text ja lesen. Die Inschrift nennt den Ehemann Luttonius Lupulus zusammen mit seinen Töchtern. Sie mussten die Gattin und Mutter namens Spectatia Spectata begraben.
Auf den Grabsteinen der zivilen Bevölkerung stehen andere Formulierungen als auf denen von Soldaten. D und M sind Abkürzungen für die Totengötter. Ehefrauen werden stets als die „liebste Gattin" bezeichnet, während der Ehemann sich höchst unglücklich nennt und seiner Trauer somit Ausdruck verleiht.
Mann und Frau behielten in der römischen Ehe ihre angestammten Namen, Kinder erhielten Namen nach der väterlichen Linie. Die Töchter werden hier jedoch nicht namentlich genannt. Auch Altersangaben fehlen.
Der Sarkophag aus der Zeit um 300 n. Chr. stand im großen Friedhof nördlich des Mainzer Tors im Norden der Innenstadt. Nach seiner Bergung im Jahr 1666 stellte man ihn im Hof des Rathauses auf. Dort überstand er, wenn auch beschädigt, die Stadtzerstörung von 1689 (s. auch Nr. 58).

Nr. 15 nach der Zählung der Grabsteinbeschriftungen in Kreuzgang und Kirche

D(is) M(anibus)
Spectatiae Spectatae coniugi
carissime Luttonius Lupulus
coniunx infelicissimus cum
filiabus posuit f(aciendum) c(uravit)

Den Totengöttern!
Für Spectatia Spectata, die geliebte
Gattin, hat Luttonius Lupulus,
der höchst unglückliche Gatte, mit
den Töchtern die Aufstellung besorgt.

30 Krug im Krug

Ein seltenes Meisterwerk der Glasbläserkunst ist der große Krug von 35,5 cm Höhe, der innen einen kleinen Krug von 12 cm Höhe enthält. Der Krug aus gelbgrünem Glas war schon bei seiner Entdeckung sehr brüchig. Das lässt auf eine schlechte Gemengemischung mit wenig Rohstoffen (Quarzsand, Soda, Kalk) und einen hohen Anteil von Altglas schließen.

Schräggesetzte Reihen von Nuppen mit plastisch hervortretendem Mittelpunkt, abwechselnd aus gelbgrünem und bernsteinbraunem Glas aufgeschmolzen, sind die einzige Verzierung der Oberfläche.

Vielleicht unterhielten sich die Besitzer im 4. Jahrhundert damit, in den kleinen Krug Rotwein, in den großen hingegen Weißwein zu füllen und sich an dem Farbenspiel zu ergötzen.

Der Krug lag in einem Steinsarkophag des 4. Jahrhunderts, zusammen mit drei oder gar vier weiteren Gläsern. Er wurde 1881 im römischen Nordfriedhof an der Schillerstraße entdeckt.

Inv. Nr. R 3288

31 Venusschale

Mitten unter einem von Säulen getragenen Dach steht Venus, die nackte Göttin der Liebe und der Schönheit. Sie trägt ein Diadem in den Locken, die ihr auf die Schultern fallen. Mit ihrer rechten Hand hebt sie eine Schale hoch, in der linken hat sie eine Blume. Begleitet wird sie von zwei geflügelten Knaben, Eroten oder Personifikationen der Jahreszeiten. Der linke Knabe trägt einen Korb mit Früchten. Leider ist nicht zu erkennen, was der rechte im Arm hält.
Von der Inschrift am Rand sind wenige Buchstaben erhalten, die sich etwa zu der Aufforderung „Da vita mi vinum“, also „Gib mir Wein, Schatz“, ergänzen lassen.

Eine Reihe derartiger Schalen wurde in der Mitte des 4. Jahrhunderts in einer Werkstatt (im Kölner Raum?) gefertigt. In typischer Ritztechnik wurden, immer auf Kugelabschnittsschalen, Szenen der Jagd, Bilder aus der antiken Mythologie oder nach biblischen Geschichten aufgebracht. Eine vor wenigen Jahren in Augsburg entdeckte Schale zeigt Adam und Eva am Baum der Erkenntnis. Unsere Venus und die Augsburger Eva sind nahezu identisch!

Die Bilder muss man stets von der Innenseite aus betrachten, auch wenn sie außen eingeritzt sind.

Als 1885 bei Baumaßnahmen ein Arbeiter nahe einem „in Sand gebetteten Grab (Holzsarg)“ auf die Glasschale stieß, dunkelte es schon. Der Mann stolperte, die Schale zerbrach dabei, und er konnte nicht mehr alle Scherben sehen und aufheben.

Inv. Nr. R 422, Durchmesser 18,3 cm
Gefunden im Gräberfeld Worms Maria Münster 1885

32 Trinkhorn aus Glas

Üppige Trinkhörner verbinden wir in unserer Vorstellung mit Keltengräbern oder trinkfesten Germanen. Um auch im Jenseits Gäste bewirten zu können, hatte sich der keltische Fürst von Hochdorf mehrere kostbar verzierte Hörner in sein Grab mitgeben lassen. Sie hingen an der Wand der Grabkammer.

In der Römerzeit sind solche Formen, wenn auch nicht häufig, ebenfalls hergestellt worden. Unser Trinkhorn besteht aus grünlichem Glas. Ein Netzwerk von Glasfäden wurde auf die noch heiße Rohform aufgelegt und mit ihr verschmolzen. Um die Spitze wickelte man einen weiteren Glasfaden.
An den beiden Ösen konnte das Glas an der Wand aufgehängt werden, oder der Zecher trug es gar um den Hals.

Im 4. Jahrhundert, der Entstehungszeit des seltenen Stückes, sind häufig Becher zusammen mit einem Krug oder einer Kanne aus Glas oder Ton in die Gräber gestellt worden. Die Toten sollten sich im Totenreich oder auf dem Weg dorthin erfrischen können. Auch das Trinkhorn stammt zusammen mit einer kugeligen Trichterhalsflasche aus einem spätrömischen Grabfund.

Inv. Nr. R 306
Gefunden im Gräberfeld Worms Maria Münster 1882

33 Doppelkopfflasche

In einem Steinsarg mit der Bestattung einer Frau stand zur rechten Seite des Kopfes diese fast 25 cm hohe Flasche aus blassgrünem Glas. Der Kopf wurde in eine zweiteilige Holzform geblasen, die Nahtstelle ist an den Ohren sichtbar. Der Standfuß sowie der Ausguss sind dann angesetzt worden. Aus der gleichen Form gibt es ein Glas im Römisch-Germanischen Museum in Köln.

Der männliche Doppelkopf hat lockige Haare, große Mandelaugen und ein leichtes Doppelkinn. Wir wissen nicht, ob eine bestimmte Person gemeint war. Man hat beispielsweise gerne Figuren aus der Komödie in Miniaturform als Flasche wiedergegeben. Unser Kopf hat jedoch weder Attribute noch groteske Züge.

In dem Sarkophag aus der 1. Hälfte des 4. Jahrhunderts hatte man der Toten noch einen großen Glasbecher an die linke Seite gestellt und eine mit 32 cm Höhe außergewöhnlich große zylindrische Glasflasche zwischen ihre Füße gelegt, die sich unversehrt erhalten hat.

Inv. Nr. R 264
Gefunden im Gräberfeld Worms Maria Münster 1885

34 Germanischer Kamm

Bei den ausgeprägten Hygienestandards in römischer Zeit – schließlich verfügte jeder Bauernhof über Baderäume – ist es verwunderlich, dass sich nur wenige Kämme erhalten haben.

Zahlreicher sind Kämme aus der spätrömischen Zeit ab etwa 300 n. Chr. überliefert, doch da gelten sie zumeist als Zeugnisse für germanische Besitzer.

Den Kamm aus drei Knochenlagen mit dreieckiger Platte halten Bronzenägelchen zusammen. Die Oberfläche verzieren Kreisaugen. Der Kamm wird ungefähr in die 1. Hälfte des 4. Jahrhunderts datiert und lag als einzige Beigabe in einem Körpergrab – jedoch wissen wir nicht, ob er einen Haarschopf zusammenhielt oder als Toilettegerät dienen sollte.

Eine elbgermanische Frau, kenntlich an ihrem Fibelschmuck, hatte zur gleichen Zeit ebenfalls einen Kamm in ihr Grab am Kirschgarten mitbekommen. Aus dem nördlichen Friedhof des römischen Worms stammt ein germanischer Kamm sogar aus einem Sandsteinsarkophag. Alles deutet darauf hin, dass in spätrömischer Zeit eine Anzahl von Germanen, mit langen Haaren und in ihre hergebrachte Tracht gekleidet, unter den römischen Wormsern lebten.

Inv. Nr. R 5116, Breite 12,6 cm
Worms Kirschgartenweg 1967, Grab 28

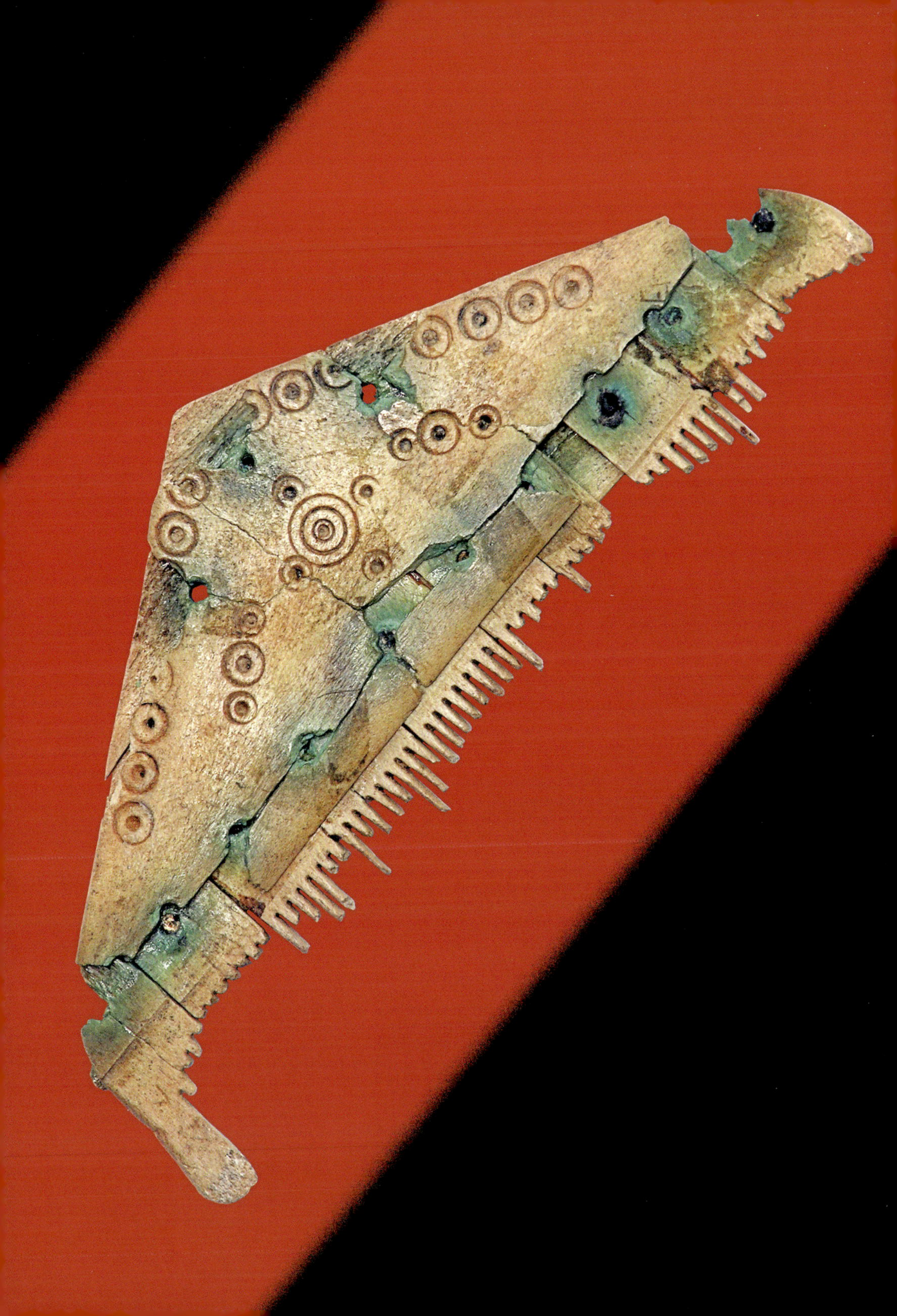

35 Ein prächtiger Gürtel

Die Archäologen unterscheiden Gegenstände und Trachtbestandteile, die in den römischen Provinzen hergestellt wurden, von solchen, die aus dem „Freien Germanien“ oder anderen Gebieten außerhalb des Imperiums herbeigebracht worden sind. Bei Tongeschirr und Gläsern sind die Unterschiede schnell zu erklären, Terra Sigillata, elegantes Glas und Metallgeschirr sind als Luxusgüter weit nach Germanien verschenkt oder verhandelt worden. Beweist aber jeder unrömische Armreif, jede fremde Fibel auch, dass der Träger aus der Ferne zugezogen ist? Im Einzelfall wird die Frage kaum zu beantworten sein!

Römischen Soldaten wurden nach herkömmlicher Gewohnheit keine Waffen oder Bestandteile ihrer Ausrüstung ins Grab gelegt. Reich verzierte Gürtelbleche stammen aus Gräbern in der Nähe von Befestigungen, teilweise aus solchen mit Waffenbeigaben oder mit germanischen Funden. Deshalb neigen die Archäologen dazu, sie als Militärgürtel zu interpretieren, die von germanischen Soldaten in römischen Diensten getragen worden sind.

Die drei Beschläge wurden im späten 4. Jahrhundert auf einem breiten Ledergürtel getragen. Die Schnalle ist verloren gegangen.

Inv. Nr. F 1030 bis 1032
Aus Osthofen vor 1921, Maße des großen Blechs 9,7 x 7,5 cm

36 Grabstein des Hariulfus

Im mittelalterlichen Nibelungenlied ist Worms am Rhein der Königssitz der Burgunden. Deutsche Könige waren im 11. Jahrhundert auch Könige von Burgund. Nun stammt der Name „Burgund“ von einem germanischen Stamm, der irgendwo östlich des Rheins lebte und mit den Römern im 4. und im 5. Jahrhundert n. Chr. in Kontakt stand. Nur wenige und undeutliche Nachrichten der Zeit sind allerdings auf uns gekommen. Das Bild dieser Leute bleibt schemenhaft, wie unter einer Tarnkappe verborgen!
Eine Nachricht besagt, Burgunden hätten im Jahre 413 einen Teil Galliens am Rhein okkupiert. Leider wissen wir nicht, ob damit Rheinhessen gemeint war!
Eine andere Meldung nennt für das Jahr 411 Burgunden im Gefolge des nur kurz regierenden gallischen Adeligen Jovinus, der sich in einer unbekannten Stadt zum Kaiser hatte ausrufen lassen.
Römische Kaiser haben sich schon im 1. Jahrhundert n. Chr. hochgewachsene Friesen und Germanen als Leibwächter ausgesucht. Im 4. und 5. Jahrhundert rekrutierte sich dann ein großer Teil der Soldaten mit eigenen Offizieren aus Germanen.
Am Kaiserhof in Trier diente um 400 n. Chr. auch eine Gruppe von Burgunden, wie die Grabinschrift besagt. Es befanden sich Mitglieder der (oder einer?) Königsfamilie unter ihnen.
Sein Onkel Reutilo begrub den jung verstorbenen Prinzen der Burgunden Hariulfus. Er hatte den Rang eines protector domesticus inne, was mit „Leibwächter“ sicher nur ungefähr zu übersetzen ist.
Als Grabstein hat man eine Sandsteinplatte wiederverwendet, die Spuren des girlandenförmigen früheren Schmucks sind sichtbar. Vielleicht war der Untergrund ursprünglich mit weißem Stuck überzogen. Die Buchstaben könnten rot ausgefüllt gewesen sein.

Kopie. Original aus dem südlichen Gräberfeld in Trier, St. Matthias im Rheinischen Landesmuseum Trier

Hariulfus protector	*Hariulfus, Offizier,*
domesitigus filius Han-	*Sohn des Hanavald,*
havaldi regalis gentis	*aus königlichem Geschlecht*
Burgundionum qui	*der Burgunden,*
vixit annos XX et mensis	*der 20 Jahre, neun Monate*
nove et dies nove	*und 9 Tage lebte.*
Reutilo avunculus	*Sein Onkel Reutilo*
ipsius fecit	*ließ den Stein setzen.*

HARIVLFEVS PROTECTOR
DOMESITOVS FILIVS HAN
HAVALDI REGALIS GENTI
S BVRGVNDIONVM QVI
VICXIT ANNOS XX ET MEN
SIS NOVE ET DIES NOVE
REVTILO AVVNCVLV
SI IPSIVS FECIT

37 Der Schmied aus Bobenheim

Südlich von Worms, in Bobenheim-Roxheim, kam 1980 in einer Böschung ein bemerkenswertes Grab ans Licht. Nur die Unterschenkel des Toten befanden sich noch in der ursprünglichen Lage, das Skelett war durch starke Regenfälle herausgespült. Der Mann war mit seinem Handwerkszeug bestattet worden: Schmiedezange, kleiner Amboss, Vierkantfeile und Hämmerchen. An der Feile konnten noch Spuren von Kupfer, Zinn und Arsen festgestellt werden.

Von der Kleidung hatten sich eine eiserne Fibel als Mantelverschluss und zwei Schuhschnallen erhalten. Die Bügel sind aus Horn geschnitzt, ein Schnallendorn wurde einmal ersetzt. Fibel und Schnallen lassen erschließen, dass der Mann in der Mitte des 5. Jahrhunderts im mittleren Donauraum zu Hause war. Er ist der älteste bekannte Schmied des Frühmittelalters!

Der Mann gehörte zu den vielen Menschen, die im 4. und 5. Jahrhundert aus dem östlichen Europa nach Westen gingen, um dort ihr Glück zu versuchen.

Außerhalb der römischen Stadt Worms bestattete man die Toten in ihrer althergebrachten Kleidung und legte ihnen auch Beigaben ins Grab. In den städtischen Friedhöfen war man hingegen dazu übergegangen, die Verstorbenen in ein Tuch gewickelt in den Sarg zu legen. Auf Geschirr aus Ton und Glas mit Nahrungsmitteln verzichtete man.

Dauerleihgabe von Ludwig Freiherr von Heyl, Nonnenhof

38 Grabstein der Pauta

Noch immer ist die Frage ungeklärt, seit wann sich in Worms Menschen zum Christentum bekannt haben, wo sie ihre Gottesdienste abhielten und wo und wann die ersten Kirchengebäude errichtet wurden. Der Wormser Dom St. Peter geht auf einen Bau im frühen 7. Jahrhundert zurück. Die christlichen Grabsteine aus dem 5. und dem 6. Jahrhundert (übrigens wurden bislang nur drei gefunden) stammen jedoch sämtlich aus dem römischen Nordfriedhof an der Mainzer Straße.
Von einer Kirche dieser Zeit ist weder dort noch andernorts in der Stadt eine Spur entdeckt worden.
Von dem Grab der Pauta haben sich im Landesmuseum Mainz auch eine Tonschüssel und ein Armreif erhalten, die in die erste Hälfte des 5. Jahrhunderts datiert werden können.
Der Stein ist an drei Ecken beschädigt. In der unteren Hälfte ist ein großes Christogramm (die griechischen Buchstaben Chi und Rho stehen für Christus) eingeritzt. Es wird von einer Pfauhenne links und einem Pfauhahn rechts flankiert, unter ihnen ranken sich blühende Zweige. Die nach ihrem Tod vergöttlichten Kaiser trug ein Pfau in den Olymp. Der Pfau steht dann für die christliche Hoffnung auf eine Auferstehung und Unsterblichkeit.
Die Namen auf dem Grabstein klingen nicht römisch, sondern sie sind germanisch, auch wenn der Text lateinisch geschrieben wurde. Zwar gibt es einige germanische Funde von Kämmen und Schmuck schon im 3. und 4. Jahrhundert in Worms. Jedoch ist die Tatsache, dass auf den christlichen Inschriften keine Romanen genannt sind, merkwürdig.
Einer Frau oder einem Mädchen, unbekannten Alters verstorben, wurde von wohl fünf Männern der Stein gewidmet. In welcher Beziehung sie zueinander standen, wissen wir nicht. Die Wörter sind durch Punkte getrennt. Die vielen Abkürzungen lassen vermuten, dass der Text den Zeitgenossen so verständlich war – sie konnten Latein lesen und verstehen.

H(ic) q(uiescit) in p(ace) n(o)m(i)ne Pauta an(norum) ...
VI d(ierum) XV titu(lum) p(osuerunt) Puasi et Quito et Siggo Boddi Ivio

Hier ruht in Frieden Pauta, ... Jahre, ... Monate und 15 Tage alt.
Den Grabstein setzten Puasi und Quito und Siggo Boddi Ivio.

Q·INP·NAM·PAVTA·AN·
VI·D·XV·T·I·TVP·PV·ASI
ET Q VITO ETSICCO
BODDI·IVIO

39 Goldgriffspatha aus Flonheim

Offiziell hat Rom seine Provinzen am Rhein nie aufgegeben. Tatsächlich zogen sich im Laufe des 5. Jahrhunderts n. Chr. die Verwaltungsorgane zurück, das Militär, wenn es noch in den Städten oder in Befestigungsanlagen auf dem Land geblieben war, erhielt keinen Sold mehr und anstelle des gut organisierten Wirtschaftslebens bildete sich ein Selbstversorgersystem, in dem neben der Tauschwirtschaft das noch lange kursierende alte Münzgeld verwendet wurde. Wenige Importe und die Mode der beigabenlosen Bestattung auf städtischen Friedhöfen machen es den Archäologen schwer, ein Bild für das 5. Jahrhundert zu entwerfen.

Rom hatte mehrere fränkische Könige anerkannt und zu Generälen ernannt. Schließlich vereinte König Chlodwig I. zwischen 486 und 507 n. Chr. Gallien (außer Burgund) bis zum Rhein unter seiner Herrschaft. In seinem Machtbereich setzte er fränkische ebenso wie nichtfränkische Gefolgsleute ein, die jeweils für eine kleinere Region verantwortlich waren. Sie wachten über den Staatsbesitz und die Einkünfte des Königs.

Die Familien dieser „Gründerzeit", nämlich der Gründung von Höfen in Rheinhessen, aus denen sich im Mittelalter bis heute bestehende Dörfer entwickelten, erzielten selber hohe Einkünfte und pflegten weitreichende Handelsbeziehungen. Ihren sozialen Rang ließen sie auch in den Gräbern nicht außer acht. Der Vater Chlodwigs, Childerich, hatte sich unter einem Grabhügel und mit viel Gold ausgestattet begraben lassen. Seine Vasallen taten es ihm nach.

Der erste Fürst von Flonheim wird König Childerich noch gekannt haben. Sein Grab enthielt die kostbare Goldgriffspatha, ein damasziertes Langschwert. Die Griff- und Scheidenbeschläge sowie die Riemendurchzüge sind aus Gold und Almandinen gefertigt, der Griff mit Goldblech überzogen. Das Ortband besteht aus vergoldetem Silber.

Das Schwert ist in der Antike mit zwei Eisenlaschen repariert worden. Vermutlich trug sein Besitzer das prächtige Stück bei repräsentativen Anlässen, während er mit einem (nur noch teilweise erhaltenen) handlicheren Schwert kämpfte. Der Mann muss hoch gewachsen und von starker Körperkraft gewesen sein. Als weitere Waffen führte er einen ebenfalls sehr großen Ango (Wurfspieß), eine Lanze und eine mächtige Saufeder, die bei der Entdeckung noch 1,5 kg (ohne Stiel) wog. Eine Franziska (Wurfaxt) sowie ein Schild vervollständigten seine Bewaffnung.

Goldgriffspatha Inv. Nr. F 1981, Länge heute noch 88 cm
Flonheim Grab 5 von 1885

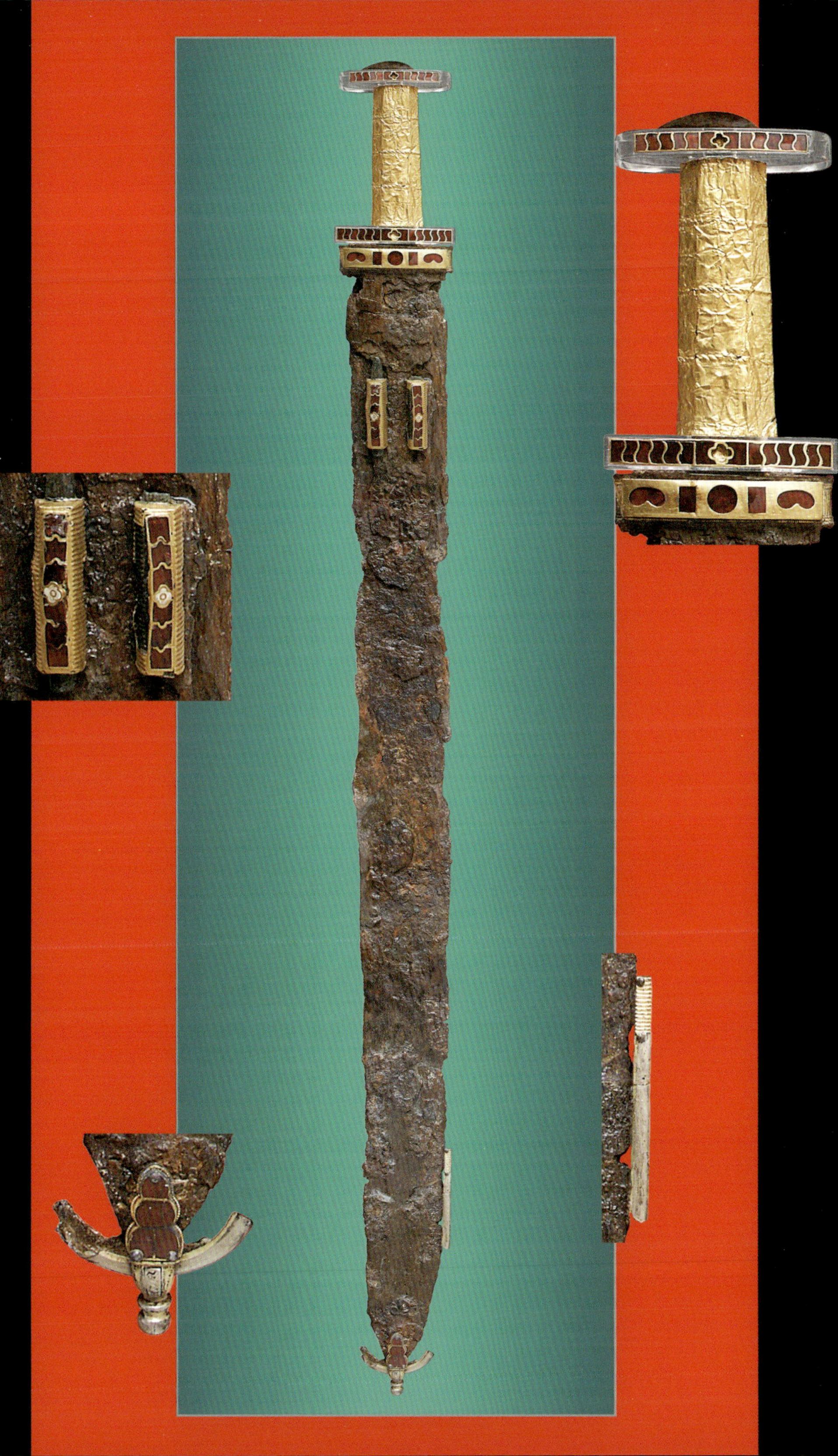

40 Ein Eimer für das Jenseits

Kunstvoll gefertigte Holzeimer mit bronzenen Beschlägen und einem Henkel finden sich im 6. Jahrhundert regelmäßig in Gräbern vornehmer Damen und Herren. Der Fürst von Flonheim wollte auch im Jenseits nicht auf Gäste verzichten und ihnen standesgemäß ein Getränk anbieten können. Der Eimer, gefüllt vielleicht mit honiggesüßtem Starkbier, dürfte zu seinen Füßen gestanden haben. Von Bechern allerdings erhielten sich keine Spuren. Wenigstens ein Glasbecher sollte in diesem Grab eigentlich anzunehmen sein.

Der Eimer stammt vom Böttcher, der aus leicht spaltbarem Holz keilförmige Dauben zuschnitt. Bei einer kostbaren Ausführung wie hier hielten verzierte, einst goldfarben glänzende Bronzeblechreifen das Holz zusammen. Kreisaugen schmücken den bandförmigen Henkel. Die w-förmigen Henkelattaschen enden seitlich in Tierköpfen und haben in der Mitte noch eine Spitze.
Die beiden unteren Blechstreifen sind wie die Dauben vor einigen Jahrzehnten im Museum ergänzt worden.

Holzeimer Inv. Nr. F 1984, Höhe 20 cm, Durchmesser 21 cm
Flonheim Grab 5 von 1885

41 Becher mit christlichen Szenen

Schon 1878 hat man in Worms-Wiesoppenheim im Grab eines vornehmen fränkischen Kriegers außer den Waffen und einem kostbaren gläsernen Rüsselbecher Bronzebleche mit Resten von Vergoldung gefunden, die sich zu einer konischen Form, vielleicht einem Becher, ergänzen ließen.

Die Bleche zierten ursprünglich ein rechteckiges Holzkästchen. Die von Punktlinien gerahmten Bildfelder wurden später ohne Rücksicht auf einzelne Szenen zugeschnitten und auf einem nicht erhaltenen Holzuntergrund befestigt. Das heutige silbrige Innenblech stammt von einer Restaurierung in den 1950er Jahren.

Die erhaltenen Bilder zeigen Szenen aus dem Alten und dem Neuen Testament. Adam und Eva stehen zu Seiten des Paradiesbaumes, die Schlange verführt sie zum Genuss der verbotenen Früchte. Merkwürdigerweise begleitet Adam ein Kind. A(da)M ET EVVA steht zur Verdeutlichung daneben. Das nächste Feld zeigt Eva allein, man hat sie abgeschnitten. Dann folgt aus dem Neuen Testament die Szene, in der Petrus den gefangenen Christus dreimal verrät, ehe der Hahn gekräht hat (Luk 22,34). Der Hahn sitzt in der Mitte auf einer Säule. Die weiteren Bilder müssen noch gedeutet werden: ein Quellwunder oder Christi Taufe im Jordan, ein Orant mit betend erhobenen Händen, ein Kranz mit A und W, den griechischen Buchstaben Alpha und Omega für Anfang und Ende.

War der Besitzer des Bechers (der Büchse?) nun ein Christ? Niemand kann das beweisen. Das Grab des Kriegers gehört in die Zeit um 500 n. Chr., er war ein Zeitgenosse des Herrn von Flonheim.

Becher mit Bronzeblech, Inv. Nr. F 1, Höhe 8,2 cm, Durchmesser 12 cm

Aus demselben Grab: Nr. 42

42 Gläserner Rüsselbecher

Der „Kunststoff" Glas war stets kostbar. Technische Kenntnisse und eine spezielle Werkstatt, Rohstoffe (Quarzsand, Soda, Kalk, reichlich Feuerungsmaterial) und handwerkliches Geschick waren nötig, um Glas zu schmelzen und zu verarbeiten. Das frühmittelalterliche (fränkische) Glas war meistens grünlich oder bräunlich gefärbt, seltener blassblau.

Bei den beliebten Bechern hat der seltene und kostbare Rüsselbecher eine Gestalt, die größten Aufwand sowie peinliche Sorgfalt bei der Herstellung erforderte, mussten doch die einzelnen Rüssel blitzschnell bei der richtigen Temperatur aufgeschmolzen werden.

Der 14,6 cm hohe Becher besteht aus hellgrünem Glas mit feinen Luftbläschen. Auf dem kleinen Tellerfuß steht er nicht besonders sicher. Sechs Rüssel sind in zwei Reihen angeordnet, darüber und darunter wurde ein Glasfaden um Hals und Bauch gewickelt.

F 1444
Aus dem Männergrab in Worms-Wiesoppenheim, aus dem auch der Becher mit Bronzeblechen Nr. 41 stammt, 1878 gefunden.

F.1444

43 Frauenfibeln aus Flomborn

Die Frau lag „in einem ganzen Sarg von Eichenholz mit Deckel", wie der Ausgräber Dr. Carl Koehl 1889 formulierte. Sie trug Ohrringe. Ihr Gewand verschlossen zwei kleine Scheibenfibeln am Hals bzw. auf der Brust, 2 Bügelfibeln mit der Kopfplatte nach oben lagen hoch auf dem Becken. Das Bügelfibelpaar mit fünf Knöpfen an der halbrunden Kopfplatte, verziert von Doppelspiralen, besteht aus vergoldetem Silber. Die Knöpfe und der Fuß tragen Almandineinlagen.
In den Scheibenfibeln aus teils vergoldetem Silber liegen vergoldete Waffelbleche hinter den Almandinen.

Die Frauentracht in der 1. Hälfte des 6. Jahrhunderts verlangte für die höher gestellten Damen, etwa eine Hofherrin, zwei Fibelpaare. Die Frau erhielt sie in jugendlichem Alter und trug sie ihr Leben lang. Die Fibeln aus Flomborn sind wenig abgenutzt, so dass diese Frau wohl nicht sehr alt geworden ist.

Die Flomborner Dame besaß weiteren Schmuck: goldene Ohrringe, eine Kette aus Glasperlen mit Tierzähnen, Bergkristall und Bernstein, eine Haarnadel, einen Fingerring aus Bronze mit Silberauflage. Außerdem gab man ihr zwei Spinnwirtel aus Bergkristall bzw. schwarzem Glas mit und legte zu ihren Füßen einen Kamm nieder.

Flomborn Grab 43
Bügelfibeln Inv. Nr. F 12, F 13, Länge 10 cm
Scheibenfibeln Inv. Nr. F 162, F 173, Durchmesser 1,8 cm und 2 cm

44 Goldscheibenfibel

Über Kleidung und Tracht der frühmittelalterlichen Frauen weiß man gut Bescheid, weil es bei den Franken üblich war, die Damen im Kleid und mit ihrem wie zu Lebzeiten angelegten Schmuck zu begraben. Anders verhielt es sich bei den romanischen Frauen. Seit dem späten 4. Jahrhundert gab es die Beigabensitte nur noch auf dem Land, in den Städten begrub man nun die Toten ohne ihren Schmuck und ohne Speis und Trank.

Im späten 6. Jahrhundert veränderte sich die Damenmode. Nun hielten nicht mehr mehrere Fibeln die Kleider zusammen, nur eine Scheibenfibel schloss den wie einen Umhang geschnittenen Mantel unter dem Kinn.

Auf einer Bronzeblechunterlage mit verrotteter eiserner Nadel sitzt ein Goldblech. Innen füllt es eine Kittmasse aus. Das Grundmuster in Kreuzform ist getrieben. In den kreuzförmig angeordneten schlichten Fassungen sitzen größere Perlmuttscheiben, dreieckige rote Almandine und grüne Steine. Die Zwischenräume füllen geperlte und tordierte Golddrahtstückchen in verschiedenen Formen: als Achter, als Bögen und als gerade Linien. Derartige Filigranscheibenfibeln wurden nach byzantinischem Vorbild für die Oberschicht angefertigt.

Die prächtige Fibel wurde in der Mitte des 7. Jahrhunderts von einer wohlhabenden, wenn nicht gar fürstlichen Dame getragen. Ihre Familienmitglieder dürften als regionale Regenten eine Rolle gespielt haben, ähnlich wie die Familien von Flonheim und Eich im frühen 6. Jahrhundert.
Das kostbare Stück ist ein Einzelfund aus einem fränkischen Friedhof in Worms-Abenheim, von dem einige Gräber 1957 freigelegt wurden.

Inv. Nr. F 3290, Durchmesser 5 cm

45 Kanne und Schale aus Wonsheim

Speisen in Gesellschaft war ein beliebtes Mittel der Repräsentation. Die hohen Herrschaften entfalteten dabei die größtmögliche Pracht. Seltene Objekte aus fernen Ländern erregten naturgemäß besonderes Aufsehen, wie schon die etruskischen Schnabelkannen in der späten Hallstattzeit (Nr. 16).
Im frühmittelalterlichen Frankenreich nutzte man weiterhin die Römerstraßen, vor allem aber die Flüsse als Transportwege. Begehrte Luxusgüter wie Gewürze und Edelsteine aus Indien, Seide aus China, Millefioriperlen und Bronzegeschirr aus Ägypten wurden herbeigebracht. Bernstein und Pelze lieferten Händler aus dem Norden.
Die einer Teekanne ähnliche Kanne enthielt Wasser, das den Gästen vor und nach dem Essen, zu dem man die Finger benutzte, über die Hände gegossen wurde. Das Becken, welches das Waschwasser auffing, wurde lange gebraucht, denn am Rand war schon eine Reparatur nötig gewesen und ein Henkel war verloren gegangen. Man vermutet, dass diese schweren Kannen und Henkelschalen im östlichen Mittelmeerraum produziert wurden. Hauptabnehmer scheinen westeuropäische Fürstenhöfe in Spanien, England und am Rhein gewesen zu sein.

Die Garnitur lag im Grab einer sehr wohlhabenden Frau, der „Fürstin von Wonsheim". Sie trug einen goldenen Fingerring und schloss den Mantel mit einer prächtigen Scheibenfibel.
War sie eine Christin? Der Ring am linken Daumen enthält eine Goldmünze der Kaiser Heraclius und Heraclius Constantinus, die so montiert war, dass auf der Rückseite das christliche Kreuz senkrecht zur Ringschiene stand. Die Kaiser sind dadurch schief abgebildet, wichtig war offenbar allein das Kreuz. Die zweiteilige silberne Amulettkapsel hat auf einer Seite ebenfalls ein Kreuz, auf der anderen jedoch eine Schlange. Ein Kreuz findet sich auch unter dem Beckenboden. Wir wissen aber nicht, ob es schon in der Werkstatt oder erst beim Benutzer eingeritzt wurde.

Die Dame vertraute außer auf christliche Heilszeichen auch auf althergebrachte Amulette wie einen kolbenförmigen Anhänger aus Millefioriglas. So treffen in dem reichen Grab aus der Mitte des 7. Jahrhunderts heidnische und christliche Vorstellungen zusammen.

Wonsheim, Frauengrab, Inv. Nr. F 733, 735 u. a.

46 Grabstein des Aldualuhus

Der Grabstein fällt durch die Schrift auf, in der große und kleine Buchstaben (Kapitalis und Unziale) gemischt sind. Der Steinmetz muss angelsächsische und keltische Handschriften wie die Evangeliare von Lindisfarne und Echternach oder ihre Schreiber gekannt haben.

Der Text teilt uns weder Alter noch Beruf des Toten mit, wie das sonst auf Grabsteinen üblich ist. Philosophisch werden das Leben auf Erden (Hier) und im Himmel, somit Körper und Seele einander gegenübergestellt.

Der Stein war schon im 18. Jahrhundert im alten Bergkloster (heute EWR-Verwaltung) eingemauert. Ob er jedoch ursprünglich in diesem Gelände, wo sich auch einige frühmittelalterliche Gräber befunden haben, seinen Platz hatte, wissen wir nicht. Der Stein ist weder groß noch schwer, er könnte auch von einem anderen Ort hierher verschleppt worden sein.

Hic pausat corpus
Aldualuhi cuius
anima gaudet in caelo

Hier ruht der Leib
von Aldualuhus, dessen
Seele sich im Himmel
freut.

Kopie. Original aus Kalkstein im Landesmuseum Mainz

HIC PAU
SAT·COR
PUS·ALD
UALUHI·CU
IUS·ANIMA
GAUDET·IN
CAELO

47 Romanisches Vortragekreuz

Auf dem flachen Krückenkreuz ist ein gegossener Christus befestigt. Die Figur ist auf die wesentlichen Züge beschränkt. Der Kopf neigt sich leicht zur Seite, Haare, Rippen und Lendenschurz sind mit linearer Binnenzeichnung versehen. In den Balkenenden des Kreuzes befinden sich rote Glasstücke in gezackten Fassungen und unregelmäßige Bergkristalle. Auf der Rückseite wurden in die Balkenenden die Evangelistensymbole und in die Mitte das Lamm Gottes graviert.
Das Kreuz ist zu unbekannter Zeit gebrochen, es wurde mit einem Eisenstück repariert. Dann hat man überall eine Blattvergoldung aufgetragen.
Unten befand sich ursprünglich ein Zapfen, der durch ein Gewinde ersetzt wurde.

Das Kreuz hat in der Kirche die liturgische Funktion eines Sieges- und Heilszeichens. Kreuze wie diese wurden in eine Tragstange eingesetzt und bei feierlichen Prozessionen vorangetragen, sonst standen sie in einem Fuß auf dem Altar.

Das Kreuz wurde in der zweiten Hälfte des 12. Jahrhunderts in einer Werkstatt in Schwaben gefertigt. Es gibt ein sehr ähnliches Stück im Germanischen Nationalmuseum in Nürnberg.

Inv. Nr. M 822, Höhe 43 cm, Bronze, vergoldet

48 Säulen der Johanneskirche

Große Bäume bestimmen heute den Platz vor der Südseite des Doms St. Peter in Worms. Bis 1807 stand hier ein zehneckiger Bau, die Johanneskirche. Ihr Patrozinium (nach Johannes dem Täufer) ebenso wie die Gestalt als Zentralbau lassen auf die Funktion als Taufkirche schließen.

Die Johanneskirche war seit Jahrzehnten baufällig, als der Kirchenvorstand von St. Peter beim Bischof und dem Präfekten beantragte, sie zum Abbruch versteigern zu dürfen. Im Januar 1807 ersteigerten zwei Wormser Unternehmer den Bau und waren somit verpflichtet, die Kirche innerhalb von acht Jahren zu beseitigen.

Eine Reihe von Architekturstücken fand eine neue Heimat in Mainz, Heidelberg, Karlsruhe, Nürnberg und schließlich auch im Wormser Museum. Einige 1,70 m hohe Säulen der Zwerggalerie wurden im Andreasstift im 1. Obergeschoss und vor dem Lutherzimmer im 2. Obergeschoss eingebaut. Die Sandsteinsäulen stehen auf profilierten Basen mit Eckknollen und haben unterschiedlich reich verzierte Kapitelle, zumeist mit verschiedenartig stilisierten Blattmustern, einmal auch mit Weintrauben und Weinlaub.

Ein Friedhof umgab die Kirche, der bis 1782 belegt wurde. Die heute aufgestellten Sandsteinsarkophage, die man im Mittelalter in römischen Friedhöfen ausgrub und hierher brachte, um in ihnen wiederum Tote zu bestatten, stammen aus dem Dom und der Nikolauskapelle.

Hockergräber

49 Grabstein des Jacob von Alzey

Dieser Stein wurde als einzige der hier gezeigten Grabplatten nicht in Worms gefunden, sondern im Kloster Weidas (oder Marienborn) bei Alzey-Dautenheim, das von 1237 bis etwa 1563 bestand und dann als Steinbruch diente.

Das Innenfeld wird oben von einem auf der Spitze stehenden Wappenschild mit einer schräggestellten fünfsaitigen Fiedel eingenommen, die ein Vorläufer unserer Violinen ist. Der Steinmetz hat die Einzelheiten des Instruments gut erkannt und wiedergegeben. Sogar die Wirbel sind sichtbar, die oben in die Wirbelplatte eingesetzt sind (bei modernen Streichinstrumenten sind sie seitlich angebracht). Allerdings wurde eine in der Mitte des 13. Jahrhunderts schon altertümliche ovale Fiedel dargestellt, es waren zu dieser Zeit schon Fiedeln mit eingezogenen Seiten modern. Das spricht für ein älteres Wappen.
Unter der Fiedel ist ein Abendmahlskelch abgebildet, der wohl ein Zeichen für den geistlichen Stand des Toten ist.

Die mittelalterliche Fiedel ist das älteste gestrichene Instrument, sie war in weltlicher wie geistlicher Musik sehr beliebt. Besonders bekannt ist wohl der Minnesänger Volker von Alzey, der Mann mit der Fiedel aus dem Nibelungenlied. Ob er ein solches Wappen führte, ist allerdings unbekannt. Vielleicht hat aber gerade die Fiedel im Wappen des Ritters Jacob die frühen Museumsleute bewogen, diesen Stein in die Wormser Sammlung aufzunehmen.

Nr. 27 nach der Zählung der Grabsteinbeschriftungen in Kreuzgang und Kirche

Anno Do(mi)ni MCCLXV XI Die Augusti o(biit) Jacobus miles …
Ritter Jacob starb am 11. August 1265 …

aus dem Kloster Weidas bei Alzey
from the Weidas Monastery near Alzey

50 Grabplatte der Lieba zum Guldenring

Vor der mittelalterlichen Stadt lag im Süden das Kloster Mariamünster, das Bischof Burchard (1000–1025) seiner Schwester Mathilde übertrug und reich beschenkte. Die Nonnen lebten nach der Regel des hl. Benedikt.

Den oberen Raum der Sandsteinplatte nimmt gotisches Maßwerk ein, dessen untere Bögen auf einer Konsole ruhen, die als Engelskopf mit aufgeschlagenem Buch gebildet ist. Ein großes gemustertes Kissen unter dem Kopf mit Quasten an den Ecken scheint anzudeuten, dass die Äbtissin auf dem Totenbett ruht. Jedoch ist die Gestalt zunächst stehend gedacht, das rechte Bein ist das Standbein, das linke ist in einer leichten Bewegung zur Seite dargestellt. Die Falten des schlicht gegürteten langen Ordenskleides stauen sich am Boden. Zu ihren Füßen sind zwei Wappen angebracht, das rechte, schräg geteilte mit Rosette dürfte das der Guldenring sein. Mit der rechten Hand hält Lieba den Äbtissinnenstab, im linken Arm trägt sie zum Zeichen ihrer Frömmigkeit und Gelehrsamkeit ein Buch, wohl die Bibel.

Die von Linien eingefasste lateinische Umschrift besagt, dass die „Ehrenwerte Herrin Lieba, Äbtissin, am 7. Dezember 1454 starb, nachdem sie dieses Haus (das Kloster Mariamünster) 38 Jahre mit glücklicher Hand geführt hat. Möge ihre Seele in Frieden ruhen!“ Ihr Alter ist nicht erwähnt.

Die formschönen Buchstaben waren ursprünglich mit einer dunklen Masse eingelegt, die farblich zum gelbroten Sandstein kontrastierte. Die Grabplatte ist nicht aus Mariamünster in das Museum übertragen worden, sondern sie wurde irgendwann ganz profan zum Abdecken eines Kanals in der Innenstadt verwendet, dort 1892 entdeckt. Schließlich fand sie im Museum einen neuen Platz.

Nr. 120 nach der Zählung der Grabsteinbeschriftungen in Kreuzgang und Kirche

51 Dreizehnerratstaler 1625

Eine prächtige silberne Medaille, kein Zahlungsmittel, zum hundertjährigen Bestehen des Dreizehnerrats zeigt auf der Vorderseite eine Ansicht der Stadt von Osten. Auf dem Rhein, der sich bis zur Rheinbegradigung im 19. Jahrhundert bei Worms in den Hauptstrom sowie die Arme Giessen und den Woog geteilt hat, fahren Boote und Schiffe, eines wird getreidelt (gegen den Strom flussauf gezogen). Über die Rheinarme führen Brücken. Die Stadt präsentiert sich stolz hinter einer an Türmen reichen Stadtmauer mit ihren Kirchen, in der Mitte steht alles überragend der Dom, links und rechts außerhalb der inneren Stadtmauer Maria Münster und Liebfrauen. Über der Stadtansicht schwebt, von zwei Drachen gehalten, der Wappenschild mit dem Schlüssel.
Die Umschrift lautet:
Vormatia Metropolis Vangionum S Imperii Civitas Libera, das heißt:
Worms, Hauptstadt der Vangionen, Freie Stadt des heiligen Reiches.

Auf der Kehrseite der Medaille nimmt der gekrönte kaiserliche Doppeladler in einem oben offenen Blattkranz die Mitte ein. Um den Adler befinden sich 13 Wappenschildchen mit den Initialen der Mitglieder des Rates, die zwischen 1609 und 1624 gewählt worden sind:
IR Johann Rühle; IIO Johann Joachim Oermann; MS Michael Stromer; IPB Johann Philipp Bixenstein; AC Abraham Capeller; BB Bernhard Bender, IWK Johann Wilhelm Krapf; IIS Johann Jakob Seidenbänner; GM Georg Mörsel; PCZ Philipp Christoph Zorn; IIS J. Julius Seidenbänner; NCP Nikolaus Conrad Pultz; ICWVW Johann Caspar Weber von Worms.

Mittelalter und Neuzeit waren vom Streit zwischen Bischof und Bürgerschaft um Rechte, Macht und Geld geprägt. Der bischöfliche Stadtherr versuchte, seinen Einfluss zu erhalten. Seine Beamten verwalteten die Stadt. Die Bürgerschaft eroberte sich und erhielt durch kaiserliche Privilegien wachsende Mitspracherechte.
Seit 1198 führte sie ein eigenes Siegel.
1522 wurde der Dreizehnerrat eingerichtet, 1526 vom Bischof anerkannt. Bis 1792 blieb dieser Rat die eigentliche Regierung der Stadt. Aus seinen Reihen wurden die höchsten städtischen Ämter Stättmeister und Schultheiß besetzt.

Der Schautaler wurde als 1 1/2 facher, doppelter, dreifacher und vierfacher Taler ausgeprägt. Durchmesser um 60 mm, Gewicht bis 115,9 g (vierfacher Taler).

S. IMPERII CIVITAS LIBERA VORMATIA METROPOLIS VANGIONVM
INSIGNIA TREDECEMVIRORVM INCLYTAE REIPVBL WORMATIENSIS

52 Das Ölmaß des Meisters Eckehard

Das Leben in der mittelalterlichen Stadt war streng geregelt, es gab für alle Tätigkeiten Vorschriften. Verkauf und Handel wurden genauestens überwacht. Auf einheitliche Maße und Gewichte legten die Bürger so großen Wert, dass sie zur Überwachung eigene Amtsträger einsetzten. Zusätzlich finden sich an öffentlichen Gebäuden alte eingelassene Maße, mit denen man etwa die Länge von einem gekauften Stück Stoff nachprüfen konnte. So ist am Ostchor des Doms die 0,54 cm lange Wormser Elle markiert.
Ein großes Gefäß, in eine zweiteilige Form aus Bronze gegossen und mit zwei Henkeln versehen, gilt als das älteste profane Objekt der Bronzegießerei in Süddeutschland. Die Inschrift im umlaufenden oberen Band bezeichnet es als „Viertelzentnerölmaß der Wormser Bürger", auf dem schmalen Rand ist die Inschrift wiederholt und erweitert: „... hergestellt im Jahr 1278 am Tag des hl. Andreas unter dem Bürgermeister Werner Amella, im ... Regierungsjahr des Königs der Römer Rudolf".
Der geflügelte Drache mit Fischschwanz auf der Seite war das Zeichen des Bürgermeisters und auch der Wormser Münzerhausgenossen, die bis in das 13. Jahrhundert für die Münzprägung zuständig gewesen waren und die Waagen, Maße und Gewichte zu prüfen hatten.
Der Meister Eckehard hat sich auf dem Ölmaß verewigt. „Eckehardus me fecit", Eckehard hat mich gemacht, lässt er das Gefäß sprechen. In Würzburg hat derselbe Meister im Jahre 1279 ein Taufbecken für den Dom geschaffen.
Das Ölmaß fasst 14,59 Liter, ist 20,5 cm hoch und hat einen Durchmesser von 30,5 cm. Welches Öl wurde hier abgemessen? Olivenöl war im Mittelalter ein teures und seltenes Importprodukt. Im Stadtgebiet von Worms baute man neben Getreide und Gemüse auch Ölpflanzen an, in Schenkungsurkunden werden hin und wieder Ackerflächen genannt, die Öl erbrachten, wenn es auch oft nur wenige Kilogramm (Liter) waren. Öl wurde aus Mohn und aus Lein gewonnen. Öl aus Rübsamen und Raps konnte man seit dem 16. Jahrhundert herstellen, und erst dann gab es Öllampen bald in jedem Haushalt.

Inschriften auf der Außenseite:
Eckehardus me fecit
Hec est mensura olei quartalis centenarii civi(u)m Worm(atiensium)

Inschrift auf dem Rand:
Hec est mensura olei quartalis centenarii civi(u)m Worm(atiensium) facta anno M CC LXX VIII die b(ea)ti Andree sub Wernhero Amelle mag(ist)ro civium Worm(atiensium) Rudolfi Romanorum regis regni anno

EST·MENSVRA

53 Ein Kaiserbild vom Haus zur Münze

Die Wormser nannten ihr Repräsentationsgebäude „das schönste Haus der Erde“. Es stand bis zur Stadtzerstörung von 1689 dort, wo sich seit 1725 am Markt die Dreifaltigkeitskirche erhebt. Der Komplex war aus drei Gebäuden zusammengewachsen, vor die man eine gotische Arkadenreihe gesetzt hatte. Ein Teil bestand aus dem Haus der Münzerhausgenossenschaft, eine seit dem 11. Jahrhundert nachgewiesene Vereinigung, die im Auftrag des Königs Münzen prägte und Geld und Edelmetalle wechselte. 1491 verkauften sie ihr Gebäude an die Bürgerschaft, der schon das angrenzende Gerichtshaus gehörte. Der dritte Teil wurde als „neue Münze“ bezeichnet.

Immer wieder schmückten die Bürger den Prachtbau aus. Sie ließen 1493 die Fassade mit Bildern von kaiserlichen Majestäten, Helden der Römerzeit, die sich für das Gemeinwohl geopfert hatten, und dem Drachen als Stadtzeichen bemalen. Adam und Eva schlugen bei einer großen Uhr die Stunden an. Mammutknochen wurden aufgehängt, weil man sie für Reste von Riesen hielt. Der Mittelbau erhielt 1581 eine prächtige Renaissancefassade mit steinernen Kaiserbildern. Von ihnen finden sich drei im südlichen Kreuzgang (Ferdinand I., Karl V. und Friedrich III.), zudem die Personifikation der Tapferkeit (Fortitudo).
Die Bilder waren einst vergoldet oder goldfarben getönt. Kaiser Ferdinand I. (1503–1564) ist bis zur Hüfte in seinem kaiserlichen Ornat mit Krone, Reichsapfel, Schwert und Mantel dargestellt. Er trägt die Kette des Ordens vom Goldenen Vlies auf dem Brustpanzer. Die Tafel über seinem Kopf bezeichnet ihn als Ferdinandus Primus Caesar.
Die Wormser ehrten Ferdinand und andere habsburgische Kaiser, weil diese ihnen seit 1491 zu mehr Unabhängigkeit vom bischöflichen Stadtherrn verholfen hatten. Libertas, Freiheit, war das Bestreben der mittelalterlichen Wormser. Die Freiheit sah man in der direkten Beziehung zum Kaiser als Oberhaupt des Reiches, denn man wollte sich als Reichsstadt möglichst selbst verwalten.

FERDINAND9
PRIMVS.CÆ

54 Druckerpresse

Vor dem Lutherzimmer steht eine schwere Druckerpresse. Was wäre aus der Reformation ohne Gutenbergs Erfindung von 1453, den Buchdruck mit beweglichen Lettern, geworden? Nur mit schnell gedruckten Büchern und Broschüren verbreiteten sich die Gedanken des Reformators.
Johann Gensfleisch (Gutenberg) ließ erstmals einzelne Lettern mit Buchstaben und anderen Zeichen gießen. Der Setzer musste die einzelnen Zeilen spiegelverkehrt zusammensetzen, aus den Zeilen entstanden Spalten und Seiten, aus Seiten dann Druckbögen. Der Satz wird auf eine untenliegende Platte gestellt, eingefärbt, mit Papier belegt, der Hebel dreht die Spindel und drückt eine Platte (den Tiegel) gleichmäßig auf die darunter geschobene Form.
Vereinfacht dargestellt wurde auf diese Weise gedruckt.

Unsere Druckerpresse mag aus dem 17. oder 18. Jahrhundert stammen, vielleicht wurde eine ältere Maschine immer wieder in Einzelteilen erneuert. Abbildungen aus dem 16. Jahrhundert zeigen, dass sich die Druckerpresse bis in die Neuzeit kaum verändert hat.
Den oberen Querbalken krönt eine geschnitzte Plastik: Zwei Drachen berühren mit ihren Zungen die Ohren eines Menschenkopfes.

Erst Setz- und Rotationsmaschinen veränderten die Arbeitsabläufe in den Druckereien, doch noch in der heutigen Sprache werden die vor 500 Jahren geprägten Fachausdrücke verwendet: Lettern, Satz, Druckbogen, Umbruch.

55 Lutherkopf von Ernst Rietschel

„Reformation" bezeichnete im 15. und 16. Jahrhundert allgemein Neuordnung, betrafen sie auch so unterschiedliche Themen wie die erste gedruckte Rechtssammlung der Stadt Worms, eine Vereinssatzung oder die Beziehungen zwischen Kaiser und Papst.
Im Jahre 1521 hatte Worms rund 7000 Einwohner. Zum Reichstag, auf dem Finanzen und andere Angelegenheiten des Deutschen Reiches verhandelt werden sollten, kamen fast so viele Besucher hinzu, die untergebracht und bewirtet werden wollten.

Dr. Martin Luther, Augustinermönch und Theologieprofessor in Wittenberg, hatte sich seit 1517 in verschiedenen Druckschriften gegen die weltliche Macht der römischen Kirche ausgesprochen. Der Papst hatte daraufhin den Kirchenbann über Luther verhängt. Luther sollte – am Rande des Reichstags – diszipliniert werden. Er widerrief jedoch seine Schriften nicht. Die Reformation nahm ihren Fortgang.

In Worms bekannten sich Stiftsherren des Andreasstifts zur lutherischen Lehre. 1527 stellte die Stadt einen lutherischen Prediger ein und gründete eine städtische Lateinschule. Nur noch eine Minderheit der Bürger blieb katholisch. Der Bischof hatte aber weiterhin das Recht, die (ihm vorgeschlagenen) Magistratsmitglieder der Reichsstadt Worms in ihre Ämter einzusetzen.

Mit Geld aus aller Welt errichteten die Wormser 1868 das Lutherdenkmal in den Anlagen der ehemaligen Stadtbefestigung. Ernst Rietschel entwarf das „Weltdenkmal der Reformation" als feste Burg. Als Turm in der Mitte steht eine mächtig wirkende Figur des Reformators, der mit der Faust auf die Bibel klopft. Rietschels Lutherkopf von 1860, der einen lebendigen, durchgeistigten Ausdruck hat, fand in Worms jedoch keinen Anklang. Man wählte den als „markanter" empfundenen Lutherkopf von Adolf Donndorf.

Rietschels Entwurf kam dann beim Lutherdenkmal in Dresden zur Ausführung.

56 Lutherbibel

Martin Luther wollte allein die Bibel als Grundlage des christlichen Glaubens und der Kirche gelten lassen. Dem wahrhaft Gläubigen wird die Gnade Gottes zuteil, wie sie „Sola scriptura", allein durch die Schrift, verheißen ist.
Luthers Bibelübersetzung war zwar nicht die erste, doch sie prägt die deutsche Sprache bis heute.

Die Sammlung von Schriften der Reformation, die als „Lutherbibliothek" 1883 von Maximilian von Heyl dem Museum geschenkt wurde, umfasst heute mehr als 600 Titel und wird in der Stadtbibliothek gehütet. Darunter befindet sich eine Bibel aus dem Jahr 1541, eine Sonderausgabe für das Fürstliche Haus Oels in Niederschlesien, gedruckt auf Pergament zu einer Zeit, in der sich Papier als preiswertes Material längst etabliert hatte. Sie erschien bei Hans Lufft in Wittenberg.

Luther hat neben den Titel eine Auslegung des Textes im Johannesevangelium 5,20 (heute 5,39) geschrieben: „Suchet in der Schrift, denn Ihr meinet, Ihr habt das ewige Leben drinnen und sie ists, die von mir zeuget. Das ist ..."
Er unterschrieb als Martinus Luther m. prop., manu propria, eigenhändig.

Der Text ist im Original heute fast völlig verblasst. Deshalb wird die Nachschrift von August Weckerling (Kustos des Museums seit 1881, 1898 bis 1920 Archivar und Bibliothekar) gezeigt, wiederum als Kopie.

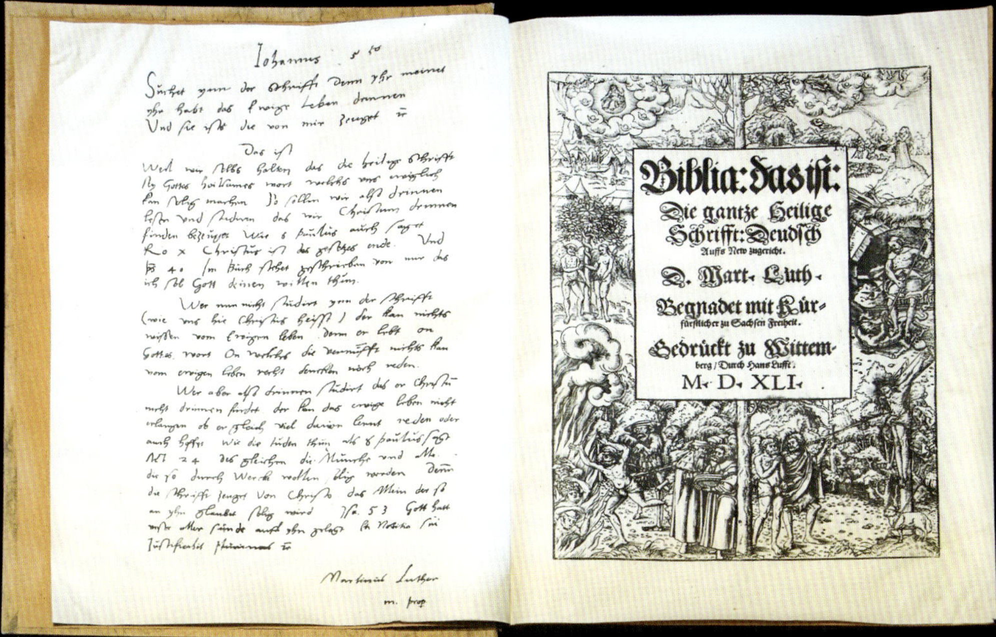

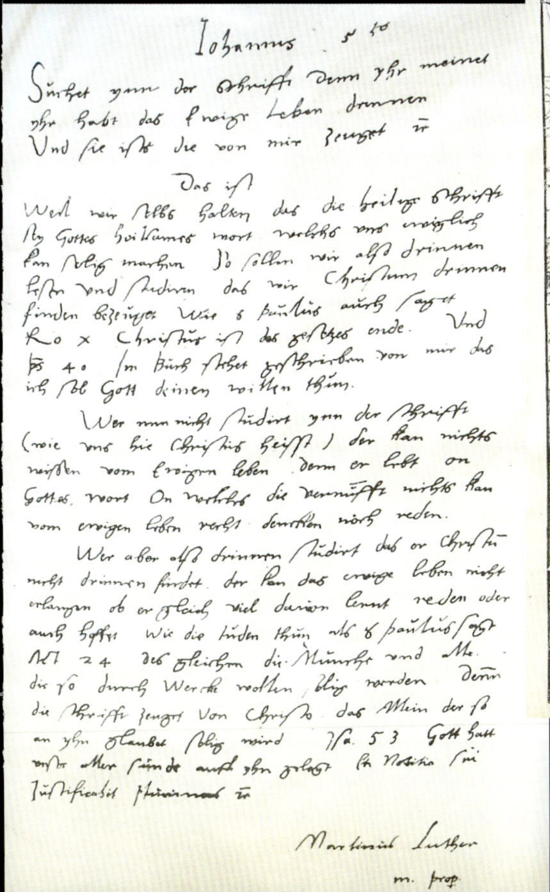

Iohannus 5 ro

Suchet yenn der Schrifft denn yhr meinet
yhr habt das Ewige Leben drinnen
Und sie ists die von mir zeuget &c

Das ist
Weil wir alle halten das die heilige Schrifft
ist Gottes heilsames wort welchs uns ewiglich
kan selig machen So sollen wir also drinnen
lesen und studiren das wir Christum drinnen
finden bezeuget Wie S Paulus auch saget
Ro x Christus ist des gesetzes ende. Und
Ps 40 Im Buch stehet geschrieben von mir das
ich sol Gott deinen willen thun.

Wer nun nicht studirt yenn der Schrifft
(wie uns hie Christus heisst) der kan nichts
wissen vom Ewigen leben denn er hebt an
Gottes wort On welchs die vernunfft nichts kan
vom ewigen leben recht dencken noch reden.

Wer aber also drinnen studirt das er Christum
nicht drinnen findet der kan das ewige leben nicht
erlangen ob er gleich viel davon lernt reden oder
auch hoffet Wie die Juden thun als S paulus sagt
Act 24 des gleichen die Münche und Me.
die so durch Wercke wollen selig werden Denn
die Schrifft zeuget von Christo das allein der so
an yhn glaubet selig wird Isa 53 Gott hatt
unser aller sünde auff yhn gelegt In Notitia sui
Justificabit plurimos &c

Martinus Luther
m. prop

Biblia: das ist:
Die gantze Heilige
Schrifft: Deudsch
Auffs New zugericht.
D. Mart. Luth.
Begnadet mit Kür-
fürstlicher zu Sachsen Freiheit.
Gedrückt zu Wittem-
berg / Durch Hans Lufft.
M. D. XLI.

57 Truhe der Fischerzunft

Eine Stadt ist Zentrum von Verkehr und Gewerbe. Die Stadt Worms hatte mehrere Märkte für unterschiedliche Waren wie Fische, Korn, Heu, Holz usw.

Die älteste der Wormser Zünfte ist für das Jahr 1106 bezeugt. 23 Fischhändler gehörten ihr an. Die Fischer mussten ihren Fang auf Frische und Gewicht kontrollieren lassen und auf dem Fischmarkt verkaufen. Dort errichtete die Stadt einen Laufbrunnen und sorgte für Sauberkeit. Wer nicht in die Zunft aufgenommen war, konnte nicht als Fischer arbeiten.

Ein besonderer Fisch war der Rheinsalm oder Lachs, von dem 1495 an manchen Tagen 40 Exemplare aus dem Rhein bei Worms auf den Markt gebracht wurden. Zwei Aufseher aus der Fischerzunft hatten jeden Fisch zu begutachten und darauf zu achten, dass er nicht länger als zwei Tage angeboten wurde.

Der Rhein gehörte wie alle Flüsse dem König, der die Hoheitsrechte an regionale Herren vergeben hatte. Im 18. Jahrhundert war das auch für Worms der Pfalzgraf bei Rhein. Ihm hatten die Lachsfischer Pacht zu bezahlen. Die Zunftmeister mitsamt den Fischermeistern mussten jährlich zum Fischergericht nach Mannheim reisen und abrechnen.

Die mit zwei Fischen und der Jahreszahl 1762 bemalte Truhe wird mit zwei Schlüsseln verschlossen und geöffnet. Jeder Zunftmeister verwahrte einen Schlüssel, öffnen konnten nur beide zusammen, denn hier wurden wichtige Unterlagen und Geld aufbewahrt. Der obere Aufsatz enthält ein Fach mit Schiebedeckel. Hierin wurde Schreibzeug mitgeführt.

1762:

1762:

58 Steintafel der Metzgerzunft, 1720

Bei der Zerstörung der Stadt 1689 wurde die gesamte Innenstadt in Schutt und Asche gelegt. Die verbrannten Häuser waren zumeist als Fachwerkbauten über Steinkellern errichtet gewesen. Das 18. Jahrhundert ist geprägt von den Anstrengungen um Wiederaufbau, an den viele Inschriften erinnern.

Im oberen, von einem ovalen Blattkranz gerahmten Feld mit pausbäckigen Engelsköpfen in den Ecken ist Johann Frantz Knodt verewigt, „des Beständigen Regiments und Alter Stättmeister Wie auch Ein Ehrsamen Metzger Zunft dieser des Heiligen Reichs Freyen Statt Wormbs Von Raths wegen Zugeordneter Herr".
Stättmeister und Schultheiß waren die Amtsbezeichnungen der beiden höchsten städtischen Beamten.

Im großen rechteckigen Feld wird zunächst der Anlass für die Tafel genannt.
Im Jahre 1720, 31 Jahre nach der Stadtzerstörung, ist ein(er) ehrsamen Metzgerzunft Haus wieder neu erbaut worden. Beschlossen und durchgeführt haben den Bau die der Zunft angehörenden Metzgermeister, an der Spitze Johann Wolff Heyl als alter und Martin Bernt Hensel als junger Zunftmeister. 20 weitere Namen folgen.
Im Rankenwerk unten steht das Lamm Gottes mit der Fahne als Zeichen der Zunft.

Die Zünfte regelten von der Zahl der jeweils Beschäftigten über Löhne und Preise alle Einzelheiten ihres Gewerbes. Ohne Zunftstempel konnten Waren nicht verkauft, außerhalb der Zunft der Beruf nicht ausgeübt werden. Die Zunftordnungen waren vom Rat erlassene Normen. Allein die Meister der Zunft trafen die bindenden Beschlüsse. Ihre Mitglieder saßen auch im Rat der Stadt.

Siehe auch Nr. 57, Truhe der Fischerzunft

ANNO 1720
Andreas Korner
Henrich Hafner
Johann Jacob Dore
Johannes Bernheusel
Adam Scherrer
Wilhelm Korner
Johann Peter Schmid

59 Grabstein für ein Kind

Ein großer prächtiger Grabstein wurde einem Kind gesetzt, das mit noch nicht zwei Jahren starb. Aus dem Text aber spricht nicht die Trauer der Eltern um das Söhnchen, sondern die feste Hoffnung auf Auferstehung und ein Weiterleben bei Gott, das „unendlich schöner" sein wird als das irdische Dasein. Das Kindergrab lag im Friedhof der reformierten Gemeinde an der Gaustraße/Arndtstraße, der im 19. Jahrhundert geschlossen wurde. Einige Grabsteine hat man, wie den des kleinen Johann, versetzt und somit bewahrt.
Über dem Text ist das Wappen der Eltern angebracht. Der Totenschädel über den gekreuzten Knochen soll den Betrachter an die Vergänglichkeit des Lebens erinnern.

Hier schläfft Johan Wilhelm Emilius Mayerhoff
geb. d. 2. Febr. 1766 gest. d. 10. Sept. 1767
der Sohn Herrn Christian August Mayerhoffs
gräfl(ich) Isenburg-Büdingischen Raths und
Frauen Elisabetha Dorothea Fridericae geb. Haylerin
Ewig blühend in Gottes Garten
Unendlich schönerm abzuwarten

Nr. 95 nach der Zählung der Grabsteinbeschriftungen in Kreuzgang und Kirche

Die Kindersterblichkeit war besonders in den ersten fünf Lebensjahren hoch. Auch die Familien der Oberschicht, die sich Grabsteine leisten konnten, blieben nicht verschont. Vom ehemaligen lutherischen Friedhof stammt der Grabstein *Nr. 71* für den vierjährigen Johannes Christoph Binnecker von 1634. Seine Eltern ließen die anrührenden Verse aus Psalm 103 auf den Stein setzen: Ein Mensch ist in seinem Leben wie Gras, er blüht wie eine Blume auf dem Feld. Wenn der Wind darüber geht, ist sie nicht mehr da ... Der Bürgermeister Drach verlor im September 1568 fünf Kinder und seine Gattin (*Stein Nr. 35*).

Die Religionszugehörigkeit spielte in Mittelalter und Neuzeit eine große Rolle. Seit der Reformation war der überwiegende Teil der Wormser Bevölkerung lutherisch, nur ein kleinerer Teil, etwa 20%, blieb katholisch. Die Juden waren eng mit dem Wirtschaftsleben verbunden. Die Stadtverwaltung lag ganz bei den Lutheranern. Nach der Zerstörung der Stadt im Pfälzischen Erbfolgekrieg 1689 entschloss sich der Stadtrat, bei Zusage freier Religionsausübung auch Reformierte als Bürger und in die Zünfte aufzunehmen, da man sich von ihnen wirtschaftlichen Nutzen versprach.

Hier schläfft
Johañ Wilhelm Emilius Mayerhoff
geb: d: 2: Febr: 1766
gest: d: 10: Sep: 1767
Der Sohn
Herrn Christian August Mayerhoffs
Gräfl. Isenburg Büdingischen Raths
und
Frauen Elisabetha Dorothea Friderine
Ewig blühend in Gottes Garten

60 Silberbecher auf Kugelfüßen

Obwohl das 17. Jahrhundert durch die schreckliche Zeit des 30jährigen Krieges (1618–1648) geprägt war, gab es in der Stadt einen gewissen Wohlstand. Es sind einige Gold- und Silberschmiede bekannt.

Der Becher steht auf drei Kugelfüßen und ist aus Silberblech getrieben. Um Deckel und Becher spannen sich breite Bänder aus feinen Kreispunzen, die ein Schlangenhautmuster ergeben, ein zur Herstellungszeit beliebtes Muster. Der Unterteil mit den Kugelfüßen, die Becherinnenseite sowie die glatten Partien des Deckels sind vergoldet. Unter dem Becherboden sind zwei Marken angebracht, die Meistermarke LB und ein Beschauzeichen der Stadt Worms, der schräg liegende Schlüssel mit dem Buchstaben A. Der Becher wiegt 187 g.

Der Meister hieß Johann Ludwig Baur, er war Bürger in Worms und Silberschmied. Seine Lebensdaten sind indirekt zu erschließen. Er dürfte zweimal verheiratet gewesen sein, denn er ließ 1654, 1674 und 1682 eigene Kinder evangelisch taufen und stand selbst 1679 Pate bei einem Enkel. Alle Wormser Nachrichten stammen aus der Zeit vor der großen Stadtzerstörung von 1689. In Basel verwahrt die vornehme Safranzunft einen Nautilusbecher von ihm, den er 1690 fertigte.

Einer seiner Söhne starb als Goldschmiedegeselle in Augsburg, ein anderer heiratete in Stuttgart die Witwe eines Goldschmieds (ein sicherer Weg, um in eine Zunft aufgenommen zu werden) und wurde 1699 Stuttgarter Bürger.
Wormser Handwerker verließen demzufolge nach der Katastrophe der Stadtzerstörung von 1689 ihre Heimat und ließen sich in wohlhabenderen Städten nieder. Worms brauchte Jahrzehnte, um sich wirtschaftlich zu erholen, und man warb dazu auch gezielt vermögende Neubürger an.

Inv. Nr. M 2186, Höhe bis zum Deckelknauf 14 cm

61 Römer sind Weingläser

Wasser zu trinken, es sei denn reines Quellwasser, galt im Mittelalter und in der frühen Neuzeit nicht als gesund. Kein Wunder, denn die Brunnen waren auf innerstädtischen Grundstücken oft neben den Toiletten im Hinterhof angelegt, wodurch sich Giftstoffe leicht übertragen konnten.

Der Wein wies zwar einen geringeren Alkoholgehalt auf als heute, dennoch wird von bedenklichen Mengen berichtet, die pro Kopf getrunken worden sein sollen: zwei bis drei Liter täglich!

Seit dem 14. Jahrhundert entwickelte sich eine Tischkultur mit gläsernen Bechern. Mehr Glashütten arbeiteten, Gläser wurden für die Bürger erschwinglich. Hauptsächlich grünliches Glas wurde gefertigt. Aus der Becherform mit aufgesetzten Nuppen entstand auch das Weinglas, wie wir es heute kennen. Der Rand wurde breiter und höher, der nuppenbesetzte Schaft kleiner, am Ende der Formentwicklung steht ein Kelch auf Stengelfuß.

Wein schien in den glänzenden Gläsern zu brillieren, das Glas „rühmte" den Wein, daher nannte man es „Römer". Bier übrigens war stets naturtrüb. Erst nach der Herstellung klarer Gläser wurde das Filtern nötig, weil die Verbraucher nun auch die Farbe des Getränks betrachten konnten.

Aus Wormser Bodenfunden stammen vor allem zerbrochene Glasgefäße. Der ganz erhaltene Römer aus dem 18. Jahrhundert wurde zur Verdeutlichung angekauft.

62 Stangenglas mit Liebfraue

Schon im Mittelalter wurde Wein aus Worms gerühmt. Sogar der Bischof von Lüttich soll ihn im 10. Jahrhundert getrunken haben.
In einer Beschreibung des Großherzogtums Hessen heißt es 1830 über Worms: „Der Weinbau ist nicht besonders bedeutend, aber das Erzeugnis ist von sehr guter Qualität, besonders die sogenannte Liebfrauenmilch, welche bei der Liebfrauenkirche wächst, dann die Katterlöcher und Luginsländer Weingewächse."

Heute liegt Worms im rheinhessischen Weinanbaugebiet. Während aber das Katterloch mit Häusern bebaut wurde und nur wenige Rebzeilen vom Luginsland an der Südseite der Stadtmauer übrig blieben, ist Wormser Liebfrauenmilch noch immer weltbekannt. Als Lagebezeichnung für Wein aus dem Areal um das Liebfrauenstift ist der Name Liebfraumilch schon 1776 bezeugt. Erst im 20. Jahrhundert wurde daraus ein Phantasiename für liebliche Weißweine.
Der Kenner trinkt heute vorzügliche Weine vom „Liebfrauenstift Kirchenstück".

Auf dem großen keulenförmigen Stangenglas mit Deckel sind in feiner Emaillemalerei drei altertümlich reich gekleidete Personen abgebildet: eine Dame, geleitet von zwei Herren. Auf weißen Schriftbändern sind sie als Edler von Steinberg, Liebfraue von Worms und Edler von Rüdesheim benannt. Es sind Personifikationen der drei im 19. Jahrhundert berühmtesten deutschen Weine. Steinberg (heute ein Teil von Eltville-Hattenheim) und Rüdesheim liegen rheinabwärts im Rheingau.

Das keulenförmige Glas mit Deckel wurde in der Glashütte von Fritz Heckert in Petersdorf, Schlesien, im späten 19. Jahrhundert geblasen und bemalt.
Der leider unbekannte Glasmaler war einer der besten seiner Zeit. Kaum ein anderes Glas aus einer Hütte des Historismus zeigt derartig fein gemalte Details der Gesichter ebenso wie der Kleidung.

Inv. Nr. 83/67, Höhe 36 cm. Signatur FH 223/2 691

Liebfraue von Worms

Liebfraue von Worms

63 Mosaikglas aus Murano

Die beiden bunten Glasschalen erzählen ein Stück Museumsgeschichte.

Im 19. Jahrhundert musste das Wissen über die Antike und ihre Sachzeugnisse erst erarbeitet werden. Auch Dr. Carl Koehl, der zum Altmeister der rheinhessischen Archäologie wurde, und der Gymnasiallehrer Prof. Dr. August Weckerling, beides die ersten Betreuer des 1881 gegründeten Museums, zahlten dabei Lehrgeld.

„Eine betrügerische Dame namens Schmidt", so schrieb Maximilian von Heyl später einem Freund, hatte den beiden Kustoden mehrere Schalen in Mosaikglastechnik verkauft und sie als antik, als römisch ausgegeben. Das Schmelzen in Formen ist tatsächlich eine antike Technik, die das Ziehen von Glasfäden, ihre Bündelung zu Stäben, dann Schneiden in Scheiben voraussetzt. In der römischen Abteilung des Museum werden auch antike Beispiele ausgestellt. Die abgebildeten, im Durchmesser handgroßen Schalen gehen allerdings auf eine venezianische Glashütte in Murano zurück, wo man sich am Ende des 19. Jahrhunderts auch um die Wiederbelebung antiker Techniken bemühte.

Übrigens mussten sich die beiden Museumsmänner auf Weisung des Museumsgründers Max von Heyl am Kaufpreis beteiligen, damit dem Paulusmuseum kein Schaden entstand.

64 Möllingers Uhr

In einem unscheinbaren Gehäuse aus Holz versteckt sich eine bedeutende Uhr. Geschaffen wurde sie zwischen 1763 und 1787 in der Werkstatt von „Jacob Möllingers Wittib in Neustadt". Nach dem Tod des Meisters führte die Witwe den Betrieb solange weiter, bis ihr Sohn Elias ihn übernehmen konnte.

Die Uhr zeigt ein Zifferblatt aus Messing auf einem zinnoberrot gefärbten quadratischen Blech mit halbkreisförmigem Kopfteil. Die Zwickel füllt vergoldetes Rankenwerk aus. Römische Ziffern markieren die Stunden, arabische die Minuten. Über dem Mittelpunkt gibt in einem eigenen Kreis ein Zeiger die Sekunden an, im kleinen Fenster unter dem Firmennamen erscheint das Datum.
Im Halbkreis über dem Quadrat lassen sich die Mondphasen ablesen. Im Messingband darüber sind die Begriffe Alegro–Aria–Menuet–Aria–Polonoes (Polonäse)–Aria–Alegro eingraviert. Mittels des Zeigers konnte man hier verschiedene Melodien einstellen, die dann über die Musikwalze vor dem Stundenschlag gespielt wurden.
Einmal aufgezogen, läuft die Uhr acht Tage.

Jacob Möllinger in Neustadt war kurpfälzisch privilegierter Uhrmacher. In Worms ließ man es sich nicht nehmen, bei ihm 1742 die Turmuhr der Dreifaltigkeitskirche für 345 Gulden in Auftrag zu geben (sie befindet sich unzugänglich im Wormser Museum). In Speyer befindet sich die Altpörtel-Uhr von Möllinger, 1761 entstanden, zwar noch an Ort und Stelle, ist jedoch außer Funktion.

Vermutlich wurde unsere Uhr zusammen mit Schränken und anderen Möbeln in den 1950er Jahren dem Museum von der Familie Freed geschenkt. Lange hat man ihre Bedeutung nicht erkannt.

Technische Daten:
Standuhrwerk mit fränkischem Schlag, 2 Rechen über einen Schlaghebel auf zwei große Bronzeglocken hintereinander geschaltet. 4/4 Zugrepetition, 8-Tage-Werk, Gewichte an Darmschnur, Sekundenpendel mit Englischen Haken, Musikwerk mit 12 Glocken und 24 Hämmern.

Menuet
Aria
Alegro
I.A. MÖLLINGERS WITTIB Neustadt

65 Bürgermeisterabzeichen aus Neuhausen

Nach der „Franzosenzeit“, die das Ende der Freien Stadt des Reiches bedeutete, war Worms 1816 an das Großherzogtum Hessen übergegangen. Im Jahre 1818 entstand der Name Rheinhessen für das Gebiet mit den Städten Bingen, Mainz, Alzey, Oppenheim und Worms. Der Großherzog residierte in Darmstadt.

Für die Bürgermeister der Gemeinden und ihre Vertreter (die Beigeordneten) wurden 1853 silberne Dienstzeichen angeordnet. Sie sollten im Amt und bei öffentlichen Gelegenheiten an einem roten Band getragen werden und wiesen den Träger als Stellvertreter der Staatsgewalt aus. Die Medaillen waren unterschiedlich gestaltet. Der Bürgermeister trug eine Medaille mit dem Brustbild des Großherzogs auf der Vorderseite, während die des Beigeordneten dort das Großherzogliche Wappen zeigte. Auf der Rückseite stand der Name des Ortes, hier Neuhausen.
Der Medailleur Christian Schnitzspahn in Darmstadt hatte sie entworfen. Er wurde 1868 auch mit der Medaille zur Einweihung des Lutherdenkmals beauftragt.

In der 2. Hälfte des 19. Jahrhunderts wuchs die Stadt Worms über ihre mittelalterlichen Mauern hinaus. Man brauchte zusätzlichen Platz, der den Gemeinden Hochheim, Neuhausen und Pfiffligheim gehörte. Schließlich stimmten diese der Eingemeindung zu, die 1898 vollzogen wurde.

Der Oberbürgermeister von Worms erhielt 1911 eine von Ernst Riegel geschaffene Amtskette. Er trägt sie zu besonderen Anlässen noch heute.

Durchmesser 50 mm

NEUHAUSEN

66 Greifenklaue mit Rheinbrücke

Der Stifter ließ eine prächtige Form der Renaissance wiedererstehen. Ein großes Büffelhorn wurde mit vergoldetem Silber so gefasst, dass es auf Vogelfüßen stehen konnte. Daher kommt der Name „Greifenklaue" für derartige Gefäße.

Die verkehrstechnische Anbindung des rechtsrheinischen Gebietes, das die Wormser zu Recht als ihr Hinterland betrachteten, war bis weit in die Neuzeit ungenügend. Lange gab es allenfalls Fährverbindungen oder eine Schiffsbrücke, die bei Hochwasser oder Eisgang eingestellt werden mussten. Die Arbeiter gelangten dann nicht zu ihren Arbeitsplätzen und fehlten der Industrie. Personen- und Warenverkehr funktionierte dann nur eingeschränkt über Umwege. Eine Eisenbahnverbindung und eine dauerhafte Brücke waren deshalb lange diskutierte Lebensnotwendigkeiten für die Stadt.

Endlich wurde am 26. 3. 1900 die Ernst-Ludwig-Brücke eingeweiht, von der nach Kriegszerstörungen 1945 noch der Turm auf der Wormser Seite vorhanden ist, während sein Gegenstück auf der hessischen Seite leider abgebrochen wurde.

Cornelius Wilhelm Freiherr von Heyl zu Herrnsheim hatte sich als Industrieller und Politiker stets für die Verbesserung der Verkehrsanbindung eingesetzt. Zur Feier der neuen Brücke ließ er vom Hofgoldschmied Karl Winterhalter in München einen Prunkpokal anfertigen. Den Deckel krönt das Modell der Brücke mit beiden Brückentürmen, der Rhein ist als grünschwarzes Email dargestellt. Wertvolle Münzen und Medaillen zieren girlandenartig an Ketten den Rand.

Im 20. Jahrhundert kredenzte die Stadt zeitweise ihren Ehrengästen Wormser Liebfrauenmilch in den Greifenklauen.

Höhe 30 cm

Greifenklaue mit Dom Nr. 67

EINWEIHUNG

67 Greifenklaue mit Dommodell

Der Wormser Dom bot vor etwa 100 Jahren ein bedenkliches Bild. Die unzureichende mittelalterliche Fundamentierung des Westchors hatte zu bedrohlichen Setzungen geführt. Schließlich trug man den Westchor zwischen den beiden Türmen ab, errichtete ein tragfähiges Fundament und baute ihn dann Stein für Stein wieder auf. 1905 war das gewaltige Projekt abgeschlossen.

Die denkmalpflegerische Großtat fand eine Würdigung in der Greifenklaue mit dem zierlichen Modell des Doms auf dem Deckel. Den Rand schmücken die Wappen von Worms und des Großherzogtums Hessen. Unterschiedlich gefasste kostbare Münzen, vor allem Wormser Prägungen, hängen girlandenartig an Kettchen um den Rand.

Der Münchner Hofgoldschmied Karl Winterhalter war wiederum mit der Aufgabe betraut worden, und wieder hieß der Stifter Cornelius Wilhelm Freiherr von Heyl zu Herrnsheim.

Höhe 46 cm

Greifenklaue mit Brücke Nr. 66

68 Sattlerei Schäfer

Neben der Industrie – in Worms vor allem die Lederindustrie – entstanden im 19. Jahrhundert auch neue Handwerksbetriebe. Die Stadt zog wieder Menschen an. Wer sich hier niederlassen wollte, musste einen Antrag bei der Stadtverwaltung stellen, wie 1865 Georg Schäfer, Sattler und Tapezier aus Rodheim. Er gab an, sich demnächst mit dem wohlhabenden Mädchen Eva Bieser aus Osthofen verheiraten zu wollen. Sein erstes Gesuch wurde aber abgelehnt, weil er selbst kein eigenes Vermögen besaß. Die Stadt wollte nämlich den Zuzug von mittellosen Menschen, die ihr womöglich zur Last fallen konnten, verhindern. Wenige Monate später erhielt Schäfer jedoch neue Nachricht. Nach seiner Heirat wolle man ihn als Ortsbürger aufnehmen, denn er scheine „ernährungsfähig" zu sein und das junge Paar erfreue sich eines guten Rufes.

Georg Schäfer gründete eine Sattlerei, in der vom Stiefel bis zum Pferdegeschirr, vom Koffer bis zum Reitsattel alles von Hand genäht wurde. 1869 verabredete er mit sechs weiteren Sattlern, sich um einen Auftrag von 1400 Militärtornistern (eine Art Rucksack für Soldaten) zu bemühen. Wer den Auftrag erhielt, hatte die anderen zu beteiligen, sollte einer erkranken, sprangen die anderen ein.

Die Firma besteht in gewandelter Form heute noch. Die Werkzeuge, Arbeitstische, das Nähpferd (auf dem der Sattler rittlings saß und mit zwei Nadeln nähte) und die Nähmaschine der Sattlerei sind bis vor wenigen Jahren in Gebrauch gewesen.

SATTLEREI
SCHÄFER

69 Kopf des Lederarbeiters von einem Denkmal

Worms war im 19. und frühen 20. Jahrhundert Zentrale der Lederindustrie. Um 1900 arbeiteten etwa 8000 Männer und Frauen in dieser Branche. Wormser Leder, darunter Lackleder, war weltberühmt und wurde von den besten Designern Europas verarbeitet.
Die größten Firmen hießen Cornelius Heyl AG, Lederwerke Heyl-Liebenau und Doerr & Reinhart.

1924 setzte Nikolaus Reinhart den Arbeitern ein Denkmal auf einer Brunnenanlage im Direktionsgebäude. Den Brunnen übertrug man 1936 in die Anlagen zwischen Valckenbergstraße und Willy-Brandt-Ring, wo er 1945 zerstört wurde.
Der Bildhauer Carl Stock hatte einen Arbeiter modelliert, der in der „Wasserwerkstatt" mit einer großen Spezialzange ein schweres Fell aus dem Becken zieht.
Der Wormser Karl Stein, genannt „Steine-Mott", stand hierfür Modell.

Die lebensgroße Figur brachte man 1945 schwer beschädigt in die Werkstatt von Doerr & Reinhart. Dann wurden die Teile offenbar Opfer von Schrottsammlern und verschwanden.
Im Jahr 2005 wurde der durch Einschüsse gezeichnete Kopf dem Museum überlassen. Der langjährige Vorbesitzer hat die Oberfläche gereinigt und mit einem Überzug versehen.

Schon 1993 wurde die Figur des Lederarbeiters in voller Größe nachgebildet und 1994 als Einzeldenkmal an der Ecke Andreasstraße/Lutherring aufgestellt. Das Denkmal soll die Erinnerung an die Arbeiter der Wormser Lederindustrie aufrecht erhalten, der Worms über Jahrzehnte seinen Wohlstand zu verdanken hatte.

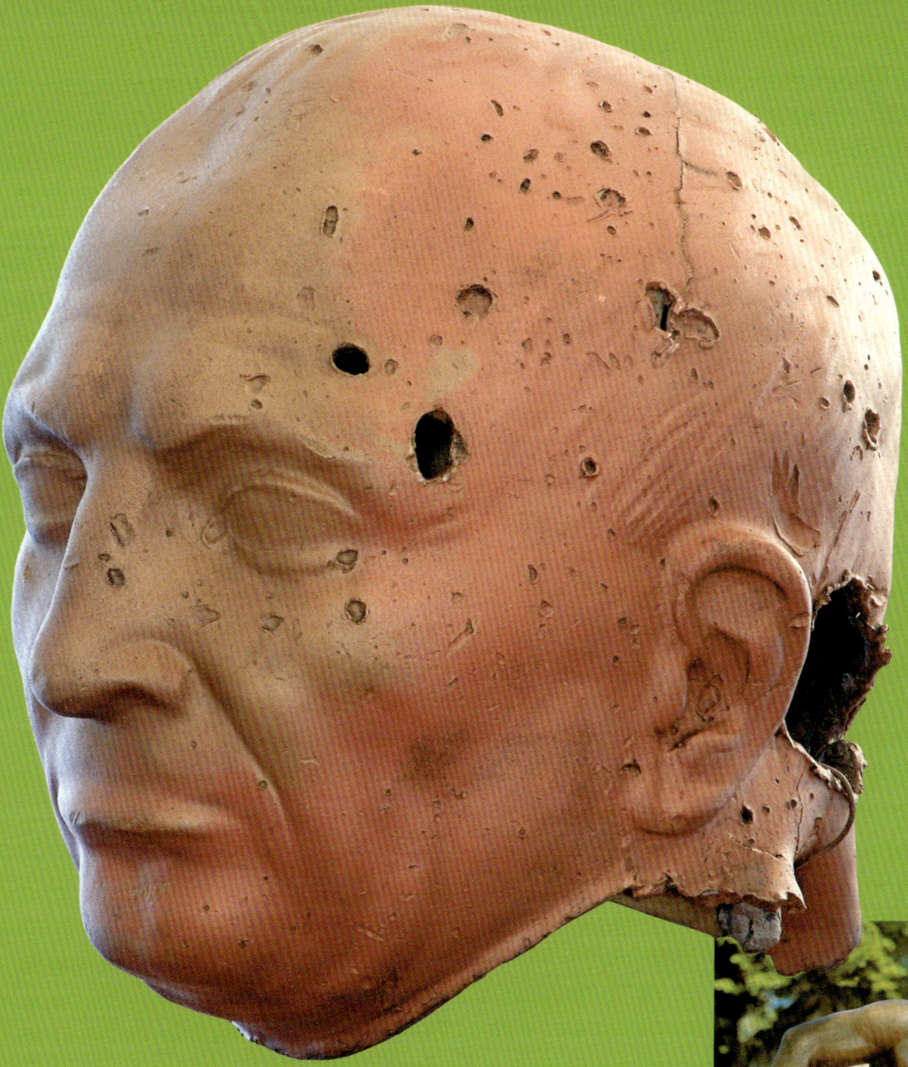

70 Belohnung nach 40 Jahren in der Lederindustrie

Seit 1834 hat in der Industrialisierung von Worms die Lederindustrie eine bedeutende Rolle gespielt. Die Firmen Cornelius Heyl AG im Süden der Stadt und Heyl Liebenau, ehemals Schlösser & Cie, in Neuhausen, hatte die Familie von Heyl über Jahrzehnte aufgebaut.

Wenn auch die Tätigkeiten in der Lederverarbeitung nicht immer angenehm, sondern oft übelriechend und schmutzig waren, so schufen die Firmen für damalige Verhältnisse doch einen hohen sozialen Standard für ihre Mitarbeiter. Viele Arbeitsverhältnisse hielten ein Leben lang.
Im Jahre 1890 stiftete Cornelius von Heyl zu Herrnsheim, der Fabrikherr der Cornelius Heyl AG, eine Medaille, die zusammen mit einer prächtigen Urkunde jedem Arbeiter verliehen wurde, der ununterbrochen 40 Jahre in der Firma tätig gewesen war.
Die Vorderseite zeigt das Freiherrlich Heylsche Wappen, wie es 1886 bei der Erhebung in den Adelsstand verliehen worden war: ein Schild mit schräg gelegtem Schlüssel, beidseitig eine Lilie. Der Schlüssel stammt aus dem Wormser Stadtwappen, die Lilien deuten auf die Familie von Dalberg als Vorbesitzer von Schloss Herrnsheim hin. Als Helmzier dient ein großer Drache, der wiederum den Schlüssel hält. Laboremus, Wir wollen arbeiten, ist die Devise der Familie.
Auf der Rückseite steht: Dem treuen Veteranen der Arbeit gestiftet von Cornel Heyl in Worms 1890.

Der Entwurf für die prächtige und mit über 58 g schwere Medaille von 5 cm Durchmesser stammt von Otto Hupp, dem bedeutendsten deutschen Heraldiker. Die Stempel schnitt Hugo Kolb in Suhl und das Königliche Münzamt in München prägte die Medaille.

Otto Hupp hatte 1881 als junger Mann die Bekanntschaft der Familie Heyl gemacht und in der Folge einige Aufträge ausgeführt. In Worms haben sich die Malereien in den Gewölben des Reichsstädtischen Archivs im alten Stadthaus (1885/86) und in der Gottliebenkapelle in Worms-Herrnsheim (1890/91), der Familiengrablege der Familie von Heyl, erhalten.

LABOR EMUS

DEM
TREUEN
VETERANEN
DER ARBEIT
GESTIFTET VON
CORNEL-HEYL
IN WORMS
1890

Der Kreuzgang im Andreasstift

Ein quadratischer Hof, ehemals wohl Grabstätte der Stiftsherren, wird von Kirche und Stiftsgebäude sowie an zwei Seiten von Kreuzgangflügeln gebildet. Auf der Westseite tragen zu Seiten eines Durchgangs je zwei Säulen schwere Kapitelle mit stark stilisierten Blattformen über einem Kranz.
Der südliche Kreuzgangflügel wurde 1612 in Anlehnung an einen älteren Stil gebaut. Elf Pfeiler tragen die Rundbögen. In den Bogenlaibungen angebrachte Vertiefungen sollten vielleicht Maßwerk oder Verglasungen aufnehmen.

Der Brunnen im Mittelpunkt wurde für das Museum aufgestellt. Ringsum befinden sich, in ungefährer chronologischer Abfolge von der Römerzeit bis zum Barock, Grabsteine. Der älteste Stein ist der des Soldaten Argiotalus, der um 30 n. Chr. starb.

LITERATURVERZEICHNIS

In diesen Büchern können Sie mehr über die Geschichte der Stadt Worms und die Sammlungen des Museums im Andreasstift finden:

Allgemein:
Heinrich BOOS, Geschichte der rheinischen Städtekultur von ihren Anfängen bis zur Gegenwart unter besonderer Berücksichtigung der Stadt Worms, vier Bände. 2. Auflage Berlin 1897-1901.

Eugen KRANZBÜHLER, Verschwundene Wormser Bauten. Beiträge zur Baugeschichte und Topographie der Stadt Worms. Worms 1905.

Paul JOSEPH, Die Münzen von Worms nebst einer münzgeschichtlichen Einleitung. Im Auftrage von W. E. Nebel bearbeitet. Darmstadt 1906.

Geschichte der Stadt Worms. Hrsg. Gerold BÖNNEN. Stuttgart 2005.

Der Wormsgau. Wissenschaftliche Zeitschrift der Stadt Worms und des Altertumsvereins Worms e.V.

Inschriften und Steindenkmäler:
Die Texte der Steindenkmäler im Kreuzgang und in der Kirche des Museums der Stadt Worms im Andreasstift. Hrsg. Josef MATTES und Joachim SCHALK, Altertumsverein Worms e.V. Worms 2006.

Walburg BOPPERT, Römische Steindenkmäler aus Worms und Umgebung. CSIR Deutschland Band II, 10, Germania Superior. Mainz 1998.

Rüdiger FUCHS, Die Inschriften der Stadt Worms. Die deutschen Inschriften, Band 29. Wiesbaden 1991.

Steinzeit/Neolithikum:
Birgit HEIDE (Hrsg.), Leben und Sterben in der Steinzeit. Katalog Mainz 2003.

Walter MEIER–ARENDT, Die Hinkelstein-Gruppe. Der Übergang vom Früh- zum Mittelneolithikum in Südwestdeutschland. Röm.-Germ. Forschungen 35, Berlin 1975.

Ernst PROBST, Deutschland in der Steinzeit. München 1991.

Bronzezeit:
Ernst PROBST, Deutschland in der Bronzezeit. München 1996.

Hallstattzeit, La-Tène-Zeit:
Das Rätsel der Kelten vom Glauberg. Katalog Frankfurt a. M. 2002.

Detert ZYLMANN, Die frühen Kelten in Worms-Herrnsheim. Worms 2006.

Römerzeit:
Mathilde GRÜNEWALD, Die Römer in Worms. Stuttgart 1986.

Mathilde GRÜNEWALD, unter Mitarbeit von Joachim SCHÜTZ und Klaus VOGT, Der römische Nordfriedhof in Worms, Funde von der Mainzer Straße, mit Beiträgen von Astrid Böhme-Schönberger, Erwin Hahn und Heinz-Joachim Schulzki. Worms 1990.

Mathilde GRÜNEWALD und Erwin HAHN, Zwischen Varusschlacht und Völkerwanderung. Die römerzeitlichen Gräberfunde aus Worms und Rheinhessen im Museum der Stadt Worms im Andreasstift. Lindenberg 2006.

Frühmittelalter/Merowingerzeit/Franken:
Hermann AMENT, Fränkische Adelsgräber von Flonheim in Rheinhessen. Germ. Denkmäler der Völkerwanderungszeit, Ser. B. Berlin 1970.
Ergänzend M. GRÜNEWALD, Die fränkischen Adelsgräber von Flonheim – neue alte Funde, und H. AMENT, Die fränkischen Adelsgräber von Flonheim – eine Nachbetrachtung, in Der Wormsgau 23, 2004, 7-21.

Die Franken–Wegbereiter Europas. Katalog-Handbuch Mannheim. Mainz 1996.

Mathilde GRÜNEWALD, Burgunden- ein unsichtbares Volk? In: Nibelungen Schnipsel. Neues vom alten Epos zwischen Mainz und Worms. Hrsg. Helmut Hinkel, Mainz 2004, 119–142.

Monika LANGE, Das fränkische Gräberfeld von Flomborn in Rheinhessen. Der Wormsgau, Beiheft 38, Worms und Lindenberg 2004.

Mittelalter:
Bischof Burchard 1000–1025. Tausend Jahre Romanik in Worms. Begleitpublikation zur Ausstellung im Museum der Stadt Worms (11. März bis 1. Oktober 2000), Hrsg. Gerold BÖNNEN unter Mitarbeit von Irene SPILLE. Worms 2000.

Neuzeit:
Fritz REUTER, Lutherzimmer im Museum der Stadt Worms im Andreasstift. Worms 1983.

Detlev JOHANNES, Luther-Bibliothek der Stadt Worms. Gesamtkatalog. Der Wormsgau, Beiheft 28,Worms 1983.

Fritz REUTER, Worms zwischen Reichsstadt und Industriestadt 1800–1882. Beobachtungen und Materialien. Der Wormsgau, Beiheft 32, Worms 1993.

Fritz REUTER, Karl Hofmann und „das neue Worms". Stadtentwicklung und Kommunalbau 1882-1918. Quellen und Forschungen zur hessischen Geschichte 91, Darmstadt und Marburg 1993.

Zerstörung der Stadt 1689:
Fritz REUTER, Peter und Johann Friedrich Hamman, Handzeichnungen von Worms aus der Zeit vor und nach der Stadtzerstörung 1689 im Pfälzischen Erbfolgekrieg. Worms 1989.

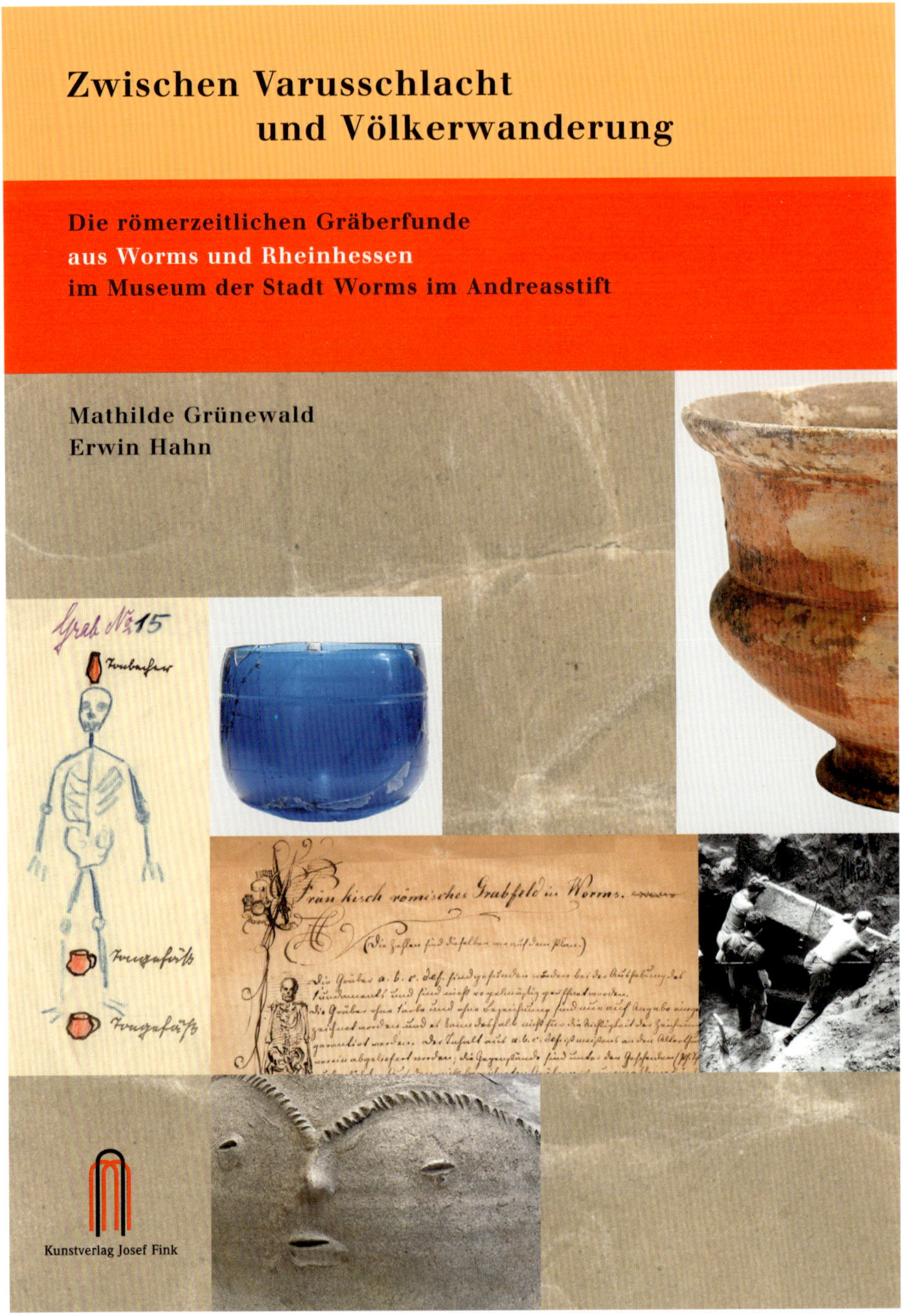

744 Seiten in 2 Bänden, Schuber, durchgehend farbig, Hardcover, ca. 2200 Abbildungen
ISBN-10: 3-89870-325-8, ISBN-13: 978-3-89870-325-3, Euro 49,80 / sFr. 85.–